LOS SIETE MÉTODOS MÁS EFECTIVOS DE LA AUTOHIPNOSIS

Cómo Crear un Cambio Rápido en tu Salud, Riqueza y Hábitos.

Dr. Richard K. Nongard

SelfHypnosisBook.com

Los SIETE Métodos Más EFECTIVOS de la AUTOHIPNOSIS: Cómo Crear un Cambio Rápido en tu Salud, Riqueza y Hábitos.

Dr. Richard K. Nongard

Primera Impresión: Diciembre 2019

ISBN: 9781711030104

Algunas secciones de este libro se publicaron originalmente como Meditación Médica: Cómo Reducir el Dolor, Disminuir las Complicaciones y Recuperarse más Rápido de Cirugías, Enfermedades y Afecciones.

Dr. Richard K. Nongard
Expert Leadership Performance, LLC
15560 N. Frank L. Wright Blvd. B4-118
Scottsdale, AZ 85260

(702) 418-3332

www.NongardBooks.com
www.SelfHypnosisBook.com

El Dr. Richard Nongard está disponible para hablar en tu empresa o hacer conferencias sobre una gran variedad de temas. Llama al (702) 418-3332 para obtener más información sobre una reserva.

Tabla de Contenidos

Por Qué Leer Este Libro

No hay una manera más sencilla de hacer cambios significativos en tu propia vida que aprender autohipnosis. Prácticamente todos los principales libros sobre desarrollo personal, desde el libro de Napoleon Hill, *Piense y Hágase Rico*, hasta el libro de Tony Robbins, *Despertando al Gigante Interior*, enfatizan el valor de la autohipnosis. Este libro revela los métodos más efectivos detrás de ese consejo y te dice exactamente cómo puedes maximizar tu éxito de una forma sencilla al dominar la autohipnosis de una de las siete maneras distintas.

La autohipnosis es un misterio para la gran mayoría de personas, ¡pero es tan fácil que hasta un niño puede hacerlo! Miles de estudios académicos demuestran el poder de la hipnosis para tratar afecciones médicas, cambiar comportamientos y tomar control emocional en cualquier aspecto de la vida. Incluso puede hacerte rico. En cierto modo, este libro se pagará literalmente con su éxito. La autohipnosis puede ayudarte a superar obstáculos, ser más creativo y entrar en un nuevo capítulo de la vida.

¿Estás listo para hacer un cambio duradero?

¿Deseas que estos cambios se sientan importantes y significativos?

Este libro te muestra la prueba y luego te enseña los métodos que están respaldados por investigaciones utilizando una guía paso a paso muy sencilla de seguir, asegurando que realices todos los pasos que necesitas para realizar cambios, a tu ritmo y con confianza.

Escrito por un Destacado Experto con 30 Años de Experiencia

El **Dr. Richard K. Nongard** es Hipnotizador Profesional con Certificación ICBCH, Terapeuta Licenciado en Matrimonio y Familia y experto en ayudar a las personas a crear un éxito duradero. Ha sido orador de TEDx, es un popular autor con más de 20 libros en su haber, y sus videos de autohipnosis han sido vistos por más de cuatro millones de personas.

El **Dr. Richard K. Nongard** es el experto con quien otros profesionales vienen a estudiar y aprender métodos avanzados de hipnosis profesional. En este libro, revela estrategias que realmente funcionan y enseña cómo puedes hacerlas en casa.

Todo se explica paso a paso. Cuando hayas terminado con este libro, tendrás un nuevo recurso que podrás aprovechar por el resto de tu vida.

¿Quieres que el Dr. Richard K. Nongard sea el orador motivador en tu próximo evento? Llama al (702) 418-3332 o visita NONGARD.COM

Lo que otros comentan sobre este libro

"Nos convertimos en lo que pensamos. En este libro, el Dr. Nongard elimina el misterio de la autohipnosis mientras resalta la magia de cómo cualquier persona puede utilizar estas prácticas herramientas para mejorar sus vidas. Si estás listo para descubrir el poder de la hipnosis, ¡léelo ya! He leído un montón de libros sobre autohipnosis, y este tiene otro nivel". **Kelley T. Woods, Autora de *Virtual Reality Hypnosis***

"¡POR FIN! Técnicas fáciles de aprender que las personas NORMALES pueden utilizar para obtener los resultados prometidos a partir de una cantidad aparentemente interminable de materiales de autoayuda existentes hoy en día. Si DESEAS el ingrediente SECRETO sobre cómo APLICAR el conocimiento, LEE ESTE LIBRO". **Rich Guzzi, El Cómplice Gurú @GuruGuzzi en Twitter con Millones de Seguidores.**

"El libro de Nongard empodera a las personas con autohipnosis. Descubre en estas páginas cómo puedes dominar las técnicas que cambian la vida para alcanzar tus objetivos". **Karen Hand, Hipnotizadora Profesional, Chicago**

"Solo por revelar el Método P.O.D.E.R. de la Autohipnosis ya hace que este libro valga la pena. Las otras seis técnicas son igualmente sobresalientes. ¡No lo dudes, lee este libro hoy mismo si estás listo para superar tus objetivos!" **Jason Linett, Autor de *Work Smart Business*.**

"Esta es la guía definitiva que te llevará paso a paso a la autohipnosis y hará que funcione". **John Cerbone, Autor de *Power Hypnosis: The Future of Hypnotic Sessions***

"Dave Elman fue un gran defensor de la autohipnosis, utilizándola él mismo, enseñándola a su familia y estudiantes, y presionándolos para que la introdujeran a sus pacientes. Le agradaría tener un libro que explique y enseñe varios enfoques diferentes sobre este tema tan importante. Ambos utilizamos y enseñamos autohipnosis y encontramos que la gran cantidad de técnicas en el libro de Richard Nongard son sumamente útiles. Las comparaciones entre estas técnicas alientan a descubrir lecciones adicionales". **Larry Elman y Cheryl Elman**

Prólogo de Roger Moore

No recuerdo el día que comencé a practicar la autohipnosis, pero era un niño. Tenía unos seis o siete años cuando me lastimé la espalda y comencé a sentir que había algo diferente en ella. Un año o dos después me diagnosticaron escoliosis, y en la zona rural de Minnesota, no había tratamiento para mi afección. Me dijeron que simplemente tendría que vivir con ello.

En mi estoica familia de agricultores germano-estadounidenses, no había tiempo ni tolerancia para el dolor. Así que, para escapar del dolor, creé realidades fantasiosas donde no tenía sufrimiento alguno.

No sabía que lo que estaba haciendo tenía un nombre o que era algo que otras personas usaban, hasta que leí mi primer libro de hipnosis cuando estaba en la escuela secundaria. Ese libro proporcionó una estructura sobre cómo hipnotizar a otras personas, pero no mencionó nada sobre la autohipnosis. Sin embargo, me dio algunos consejos sobre cómo podría reducir mi nivel de dolor.

Mi fascinación por la hipnosis me llevó a leer todos los libros que encontré sobre el tema hasta convertirme en un hipnoterapeuta certificado. Confirmé que podía estar atento en el momento, viviendo en mi realidad preferida, enviando mi dolor a otra realidad.

Más tarde, gracias a la autohipnosis, también pude adelgazar 120 libras y no volver a recuperarlas, lo que ciertamente ayudó a aliviar mi dolor de espalda. Además, fui capaz de finalizar cinco maratones, he registrado más de 30,000 millas en mi bicicleta y, hoy día, todavía hago ciclismo.

A medida que la escoliosis continúa desviando mi columna vertebral haciendo que mi tronco se encoja, vivo con dolor. Es constante, pero gracias a la autohipnosis, el dolor no llega a tener control sobre mí. Hasta el día de hoy nunca he necesitado medicamentos para el dolor más fuertes que Novocain en mis visitas al dentista o un ibuprofeno en casa de manera ocasional.

Debido a mis experiencias personales, creo que es esencial enseñar a todos mis clientes la técnica de autohipnosis del Interruptor. Y durante los últimos veintitrés años en un consultorio privado, he escuchado innumerables historias de vidas transformadas.

Recuerdo la primera vez que el Dr. Richard Nongard me llamó. Sentí una conexión inmediata y lo invité a asistir a una clase sobre el dolor en el mes de marzo de 2011 que yo estaba impartiendo en Seattle. Rápidamente nos hicimos amigos y colegas, y hemos enseñado varias clases juntos a lo largo de los años. Cuando busco asesoría personal y profesional, él es una de las pocas personas a las que recurro.

He conocido hipnoterapeutas de todo el mundo. Pocas personas tienen el conocimiento profundo y la comprensión de la hipnosis que tiene el Dr. Nongard, y aún menos pueden simplificar de manera concisa ideas complejas en técnicas sencillas, fáciles de entender y utilizar. Él demuestra ese regalo claramente escrito en estas páginas.

Richard Nongard lo entiende, que la autohipnosis es solamente el uso bien dirigido de una habilidad común que todos tenemos. Y tal como él escribe, *"La autohipnosis es tan fácil que incluso un niño puede aprender cómo hacerla"*.

Cuando comencé a leer este libro, no pude parar. El Dr. Nongard me cautivó con su explicación del trance y su desmitificación sobre la hipnosis. Proporciona al lector siete poderosos métodos de autohipnosis, que bien podrían cambiar y transformar tu vida.

Los Siete Métodos Más Efectivos de Autohipnosis es tanto para principiantes de la autohipnosis como para profesionales experimentados. Sin duda recomendaré este libro a mis clientes, e integraré estas prácticas de autohipnosis en mi vida personal y profesional.

Tienes la capacidad de transformar poderosamente tu vida. Con estas siete prácticas de autohipnosis, el Dr. Richard Nongard muestra claramente cómo lograrlo.

Roger Moore, Hipnotizador Profesional
Certificado ICBCH
Palm Desert, CA
Noviembre 2019

Capítulo Uno:
¡Tan Simple que un Niño Puede Hacerlo!

Se realizó un estudio con niños que padecían el trastorno de migraña clásico juvenil que analizó la efectividad de la autohipnosis frente a la efectividad de la medicación. Los niños diagnosticados, pero sin tratamiento previo fueron divididos en tres grupos. Un grupo aprendió la autohipnosis, otro solamente recibió medicamentos (en este caso, propranolol) y un grupo placebo no recibió nada. ¡Los resultados fueron asombrosos! El grupo de autohipnosis tuvo una disminución de la frecuencia de dolor de cabeza que fue un 62% más efectiva que el grupo placebo o el grupo que recibió medicamentos.

¿Qué fue lo más sorprendente? Este era un grupo de niños entre 6 a 12 años. Los niños felices con menos dolor no eran un grupo de niños que fueron hipnotizados por un médico o un hipnotizador de etapa potente; más bien, fue un grupo de niños a quienes se les enseñó cómo hacer autohipnosis.

La lección aquí: la autohipnosis es tan fácil que incluso un niño puede aprender cómo hacerla.

Un estudio reciente en la revista *Obesity*, una publicación de investigación mostró que aquellos a quienes se les enseñó autohipnosis perdieron más peso, se sintieron más satisfechos y redujeron la ingesta de calorías. Un estudio llevado a cabo en el año 2018 mostró que las mujeres con esclerosis múltiple a quienes se les enseñó la autohipnosis podrían disminuir la intensidad del dolor y podrían modificar su calidad de dolor.

Una simple búsqueda en la literatura arbitrada sobre la autohipnosis muestra que tanto niños como adolescentes y adultos encuentran beneficios significativos en la autohipnosis. También muestra que la autohipnosis puede ayudar con el diagnóstico médico angustiante, la reducción de hábitos nocivos y ayudar a las personas a manejar las emociones difíciles. La autohipnosis funciona. Hay literalmente miles de estudios que demuestran que la hipnosis es una intervención efectiva de primera línea para muchos problemas que enfrentan las personas.

La buena noticia es que no funciona únicamente para personas en estudios académicos, sino que puede funcionar para ti. ¿Qué te gustaría cambiar? ¿Te gustaría dejar de fumar, dejar de comer en exceso y comenzar a sentirte mejor? La autohipnosis te puede ayudar. ¿Te gustaría pasar de un estado de ansiedad y miedo a la calma y la confianza? ¿Qué significaría para ti si los síntomas de tus afecciones médicas o los efectos secundarios de los medicamentos que debes tomar se pudieran controlar mediante un simple proceso de autohipnosis?

En mi propia vida, he utilizado la autohipnosis con gran éxito. Me ayudó a superar el miedo paralizante de volar. Desde entonces, he estado en todo el mundo, visitando más de 20 países, y he creado recuerdos y experiencias que han enriquecido absolutamente mi vida. Dejé de fumar gracias a la autohipnosis, y he controlado la ansiedad y creado calma donde solía haber estrés. Hace unos años, utilicé la autohipnosis para recuperarme más rápido de una cirugía y controlar el dolor crónico causado por una lesión articular. Muchos de los métodos en este libro son métodos que yo mismo he puesto en práctica. Los resultados de la autohipnosis en mi vida han sido sorprendentes, y creo que descubrirás que también son increíbles.

¿Te imaginas en qué se convertiría tu mundo si aprendieras a crear confianza en cualquier situación, o pudieras detener la ansiedad? ¿Qué pasaría si pudieras acceder a los estados de recursos de aprendizaje superior, o pudieras mejorar tu memoria y la retención de las cosas que has aprendido? ¿Qué pasaría si alcanzaras tus objetivos, tanto personales como profesionales, y pudieras hacerlo hipnotizándote a ti mismo? ¿Qué hay de mejorar tu vida sexual? ¿Superar la adversidad o atraer el éxito en todos los niveles?

Famosos que han utilizado la hipnosis

Matt Damon exclamó que la hipnosis fue "la mejor decisión que he tomado en mi vida" y declaró al presentador Jay Leno en *Tonight Show* que la había usado para dejar de fumar. Desde esa noche, la gente me ha preguntado si otras personas famosas han empleado la hipnosis para gozar de una mejor vida. ¡La respuesta es sí! Algunas estrellas han utilizado la hipnosis no solamente para serles de ayuda para dejar de fumar, sino por muchas otras razones que les resultaron útiles.

La lista de celebridades que han usado la hipnosis es bastante extensa e incluye la afirmación de que el propio Albert Einstein usó la autohipnosis y el trance para enfocar sus pensamientos, e incluso desarrolló la teoría de la relatividad mientras usaba la autohipnosis. Esto respalda la evidencia que tenemos de que la hipnosis es una gran herramienta para mejorar el éxito académico, ya que nos permite recordar información, enfocar ideas y disminuir el estrés relacionado con la escuela, hacer exámenes u otros factores académicos estresantes.

Tiger Woods ha utilizado la autohipnosis a lo largo de su brillante carrera para ayudarlo a alcanzar el máximo rendimiento. Ha habido al menos cuatro cambios importantes intencionales en la forma en que Tiger Woods ha lanzado. Cada vez, el ritmo y la práctica hipnóticos le han permitido llevar estos cambios a un proceso automático al incorporar el nuevo *swing* en su mente subconsciente. Cada vez, el resultado fue un mejor rendimiento y mejores resultados en el campo de golf.

Cuando Kevin Costner estaba filmando su épica película "*Waterworld*", sufría de constantes mareos. Hizo que su hipnotizador volara de California hasta

Hawái, para trabajar con él. Además de ganar millones con la película, Costner comenzó a invertir en tecnología para separar el petróleo del agua (inspirado en la película). En un estado de hipnosis, a menudo estimulamos más que la mente creativa inmediata y construimos sobre nuestros éxitos.

Ellen DeGeneres fue hipnotizada en su programa y, al igual que Matt Damon, usó la hipnosis para dejar de fumar. Después de abandonar con éxito el hábito dijo de su hipnotizador, "Me has ayudado enormemente y seguramente me has salvado la vida. Dejar de fumar definitivamente transformó mi vida".

El miedo a volar puede paralizar el éxito profesional. El presentador del programa de entrevistas matutino Kelley Rippa superó su miedo a los aviones gracias a la hipnosis y ahora viaja libremente por razones personales y de negocios. Tony Curtis usó la hipnosis por las mismas razones.

La lista de personalidades famosas de la televisión, el cine y el deporte que han utilizado con éxito la hipnosis continúa: Britney Spears, Billy Joel, Katy Perry y Ashton Kutcher. La buena noticia es que todos, famosos o no, pueden beneficiarse de la hipnosis. ¿Estás listo para unirte a la fila de personas exitosas que saben cómo utilizar la autohipnosis?

¿Para qué se usa la autohipnosis?

La autohipnosis tiene infinidad de usos. En realidad, ni siquiera necesitas una razón específica para aprender la autohipnosis, el tiempo dedicado a aprender ahora, antes de que necesites una razón para usarla, es bastante valioso y te preparará para aplicar las estrategias a cualquier dificultad que encuentres en el futuro. La autohipnosis, al igual que la meditación, crea sentimientos positivos y te enseña habilidades para la relajación, la concentración y la autoconciencia que son valiosas en sí mismas.

Estos son algunos de los problemas comunes en los que la autohipnosis puede ayudar:

- Control de ansiedad
- Superar la depresión
- Rendimiento deportivo
- Desempeño académico
- Hablar en público
- Atención y enfoque

- Confianza y autoestima
- Memoria y realización de exámenes
- Dejar de fumar
- Comer en exceso y perder peso
- Embarazo y parto
- Miedos y fobias
- Condiciones médicas
    - Trastornos gastrointestinales (SII, colitis, enfermedad de Crohn, etc.)
    - Condiciones dermatológicas (eccema, herpes, verrugas, psoriasis)
    - Control del dolor (condiciones crónicas y dolor agudo)
    - Alergias y asma
    - Hipertensión
    - Apoyo para el tratamiento del cáncer
    - Respuesta del sistema inmunitario
    - Muchas otras condiciones
- Recuperación quirúrgica
- Procedimientos dentales
- Miedo a volar
- Problemas sexuales y satisfacción sexual

Puede parecer milagroso que la autohipnosis tenga tantas aplicaciones, pero hay investigaciones en revistas profesionales que respaldan cada uno de estos usos para la hipnosis y muchos éxitos en la vida real. Ahora que estás leyendo este libro, ¡también puedes cosechar estos éxitos en tu propia vida!

Para ayudarte a iniciar el proceso de aprendizaje, te doy acceso a algunos materiales de aprendizaje en mi página web. Visita **SelfHypnosisBook.com** para acceder a estos recursos totalmente gratuitos.

Capítulo Dos:
Cómo Empezar a Hacer Autohipnosis

En cierto modo, ya has comenzado la autohipnosis. Has dejado de lado otras actividades u obligaciones y te has tomado un tiempo para concentrarte en aprender algo nuevo y estás leyendo este libro. Al hacerlo, han sucedido un par de cosas. Has accedido a tu estado de trance de "aprendizaje" y has centrado selectivamente tu atención en algo importante para ti.

Espero que también hayas visitado mi página web en SelfHypnosisBook.com y hayas visto el video introductorio de capacitación. Logra lo mismo que ha hecho la lectura. Después de ver a los hipnotizadores en escena realizar cosas asombrosas como hacer que alguien olvide su propio nombre o actuar de manera increíblemente tonta, creyendo ser un cantante famoso, es posible que no reconozcas el trance y el enfoque selectivo como hipnosis, pero lo son. De hecho, incluso las manifestaciones más dramáticas de la hipnosis, que van desde la hipnosis que se usa como anestésico en cirugía o lo que se puede ver en una etapa de hipnosis, se basan en estos dos principios.

En muchas ocasiones, las personas que están aprendiendo autohipnosis quieren saber cuándo podrán lograr sensaciones o experiencias sorprendentes, como sensaciones extracorporales o la amnesia completa sobre algo. Pero incluso estas experiencias requieren tanto la utilización del trance como un enfoque selectivo. Este es siempre el punto de partida.

La palabra trance puede evocar la imagen de un dron sin sentido siguiendo las órdenes del maestro, pero el trance es un fenómeno natural. De hecho, estamos en una especie de trance las veinticuatro horas del día. Quizás nuestro trance de dormir, nuestro trance de trabajo, nuestro trance de comer, nuestro trance de televisión o navegación por Internet. Tenemos trances de ansiedad, trances de felicidad, trances de dolor, nuestro trance de soñar despierto o cualquier otro tipo de trance cuando estamos enfocados selectivamente.

La pregunta no es, "¿Cómo creo un trance?", porque lo hacemos todo el tiempo. La verdadera pregunta es: "¿Cómo puedo hacer que el trance sea ingenioso?" y "¿Cómo puedo cambiar de un estado de trance a otro, un estado de trance más ingenioso?"

Imagínate sentado en tu escritorio soñando despierto y dejando que tu mente divague. Este trance de ensueño está contribuyendo a tu dilación y a tus habilidades de manejo del tiempo. Está perjudicando tu productividad e incluso podría contribuir más tarde a rumiar sobre el tiempo perdido. La clave aquí es reconocer nuestro estado de trance natural y, con intención, dirigirlos a algo más ingenioso.

Un golfista podría encontrarse en el trance del juego "irracional", caminar por el campo y pensar en todas las cosas de su vida, desde la discusión que tuvo con su pareja hasta lo que debe hacer cuando termine de jugar golf. Está golpeando la pelota, pero ni siquiera presta atención al juego. Si se le pregunta, es posible que ni siquiera recuerde su puntaje en el último hoyo, o incluso quede atascado en una trampa de arena unos pocos hoyos atrás. Estas divagaciones mentales son una forma de trance. En este caso, uno no ingenioso. Los golfistas juegan mejor golf cuando están enfocados en el juego, cuando están "en la zona" y cuando acceden al estado de atención de trance. La autohipnosis se trata de utilizar el trance y usarlo para nuestro propio beneficio.

Si tuvieras que someterte a una cirugía ortopédica, digamos una fusión ósea, el trance del dolor vendría naturalmente después de que la anestesia desapareciera. Aunque esto es normal, el trance del dolor trae toda nuestra conciencia al sufrimiento. Digamos que la cirugía fue en el dedo gordo del pie. Por ejemplo, hicieron un reemplazo de articulación en el dedo gordo del pie. Después de la cirugía puede haber dolor, pero en algún lugar de tu cuerpo también hay comodidad. ¿Qué pasa si mueves tu atención donde te sientes cómodo? El resultado sería un trance de confort. Ese sería un estado más ingenioso, ¿no? Todavía podría haber dolor en el lugar donde te realizaste la cirugía, por supuesto, pero también habría un trance más ingenioso que vería una disminución en tu sufrimiento. Te ayudaría a evitar exacerbar tu miseria que en última instancia amplificaría ese sufrimiento. Entonces el dolor sería solo dolor, y tu comodidad sería cómoda. Ya suena mejor, ¿no? Así es como funciona la utilización del trance. He oído decir: "En la vida habrá dolor, no hay forma de evitarlo. Pero lo que podemos hacer es evitar amplificar nuestro sufrimiento".

Quiero desmitificar palabras en este libro. La autohipnosis no es un misterio y las técnicas que voy a discutir en este libro te darán una dirección clara. Para hacer eso, quiero ver algunas palabras y sus significados que a menudo se malinterpretan.

Atención selectiva - La atención selectiva es una de las habilidades más valiosas que puedes aprender. Te ayudará a utilizar el estado de trance de manera más efectiva y a elegir dónde poner tu atención. El enfoque es igual a combustible, y allá donde va nuestra atención, nuestra energía fluye. En este momento, tu atención selectiva está en las palabras que estás leyendo. Si yo tuviera que quitarte el libro, tendría que decidir dónde colocar tu atención o tu mente comenzaría a nadar en pensamientos. Si tu objetivo es mejorar tu enfoque, muchos de estos pensamientos serían menos ingeniosos que lo que estás leyendo.

Trance – Trance se describe en el diccionario como "un estado inconsciente o un estado semiconsciente donde hay una ausencia de respuesta a los estímulos". Creo que muchas personas mantienen este punto de vista limitante. Pero el trance es solamente atención selectiva, y no estamos condenados a nunca poder romper ese estado. No tenemos que estar inconscientes o medio conscientes para estar en trance. Estamos en trance cuando conducimos y prestamos atención selectiva a la carretera y al resto del tráfico. Esperemos que nadie esté inconsciente mientras conduce, a menos que conduzca un Tesla. Nuestra actividad de ondas cerebrales siempre está en algún lugar entre profundamente dormido o muy alerta. No hay otro lugar al que podamos ir. Por lo tanto, siempre estamos en trance, y eso no tiene que significar lento, relajado y soñador. También puede significar alerta, concentrado y atento.

Etapa de hipnosis – Muchas personas han visto un hipnotizador en un escenario. Por lo general, el hipnotizador invita a las personas a subir al escenario y luego realiza una inducción hipnótica, donde a partir de entonces, están en hipnosis y siguen todas las sugerencias, sin importar cuán tonto parezca. Al menos, eso es lo que piensa el público. La realidad es que estos participantes tenían una mentalidad de "Quiero divertirme y ser la estrella del espectáculo", y aunque la inducción dirige selectivamente su atención a las sugerencias del hipnotizador de escenario, ellos tienen la capacidad de decidir en cualquier momento si quieren aceptar o rechazar las sugerencias. Tienen control total en todo momento de participar, o no participar, en cualquier nivel. De hecho, esto es lo que sucede. En cualquier etapa de la hipnosis siempre hay un par de espectadores que realmente disfrutan la atención selectiva y el trance divertido. Esto es lo que recuerda la audiencia. La audiencia no recuerda a las 2-3 personas que fueron enviadas de vuelta a la audiencia después de la inducción. El público no recuerda al tipo aburrido que se sentó al final y realmente no siguió las sugerencias, y no recuerda a la persona que no siguió las recomendaciones y solamente estaba jugando. Pero estas personas también estaban en el programa.

Hipnosis clínica – Un hipnotizador profesional que es bueno en su profesión en realidad enseña a los clientes a practicarse la autohipnosis para que puedan aprovechar los beneficios de la hipnosis de la sesión y también en su vida real. La hipnosis clínica, o hipnosis profesional, generalmente se orienta en la idea de que una persona (el hipnotizador) va a guiar a otra persona (el cliente) al estado de recurso de la hipnosis. Pero incluso esto es autohipnosis. ¿Cómo es la autohipnosis? Las sugerencias para el cambio son sugerencias que el cliente le pidió al hipnotizador que hiciera. El proceso es de atención selectiva que pueden elegir seguir o no. Los buenos hipnotizadores enseñan habilidades hipnóticas para que cuando la sesión haya terminado, el cliente pueda acceder a los trances de recursos que se crearon y utilizaron en la sesión llevada a cabo en la oficina.

Autohipnosis – La autohipnosis ocurre cuando aprendes los métodos de autoinducción y cómo sugerirte automáticamente (ver más abajo). Se necesita práctica. Es posible que, al seguir las ideas de este libro por primera vez, sea fácil experimentar la utilización del trance y lograr avances importantes. Pero muchas personas también encuentran que se necesita práctica para romper realmente algunos de los viejos patrones de pensamiento excesivo o distracción y cómo dejar de lado las viejas creencias y crear acciones basadas en nuevas creencias (auto-sugerencia).

Inducción hipnótica – La inducción es cuando alguien nos dirige a un estado de recursos de atención enfocada (en el caso de la hipnosis profesional) o cuando seguimos un proceso para guiarnos hacia una atención enfocada. Debido a que Hollywood y la hipnosis escénica han usado la palabra "sueño" con la hipnosis, a menudo pensamos que la inducción trae sueño. Aunque puede ser bastante relajante, no es dormir. La inducción se puede hacer rápida o lentamente. Tiendo a preferir inducciones largas que realmente nos ayudan a practicar habilidades como la relajación o la creación desde adentro. Se puede utilizar la visualización, la fijación visual (que es realmente la práctica de dirigir nuestra atención) o cualquier otra técnica. El resultado de la inducción es la atención selectiva y la capacidad de avanzar hacia la autosugestión.

Autosugestión (sugestión propia) – La hipnosis no se trata solo de trance, relajación o desarrollo de habilidades, también se trata de hacer cambios que alineen nuestras acciones con nuestros deseos. Esto se hace con mayor frecuencia por sugerencia. ¿Por qué actuamos sobre sugerencias hipnóticas? Cuando un hipnotizador profesional nos está guiando a través del proceso, hablará sugerencias (instrucciones sobre qué nuevas acciones tomar) y las internalizaremos en un estado de atención enfocada. En este estado de recursos, descubrimos nuevas opciones para actuar sobre nuevas ideas y asumimos un nuevo compromiso para tomar medidas.

En la autohipnosis no hay nadie que nos dé sugerencias, lo haremos nosotros mismos. En las técnicas que describo, identificarás con frecuencia los cambios que deseas realizar, las motivaciones para realizar el cambio y las autoafirmaciones (sugerencias) que puedes recitarte. Estas a menudo se identifican e incluso se escriben antes de llevar a cabo una sesión. Otra forma de hacerlo es utilizar un *software* de audio gratuito para grabar tus sugerencias y escucharlas.

Actuamos de acuerdo con las sugerencias porque en la autohipnosis estamos alineando nuestros pensamientos y acciones en los niveles más profundos. ¿Alguna vez has hecho una resolución de Año Nuevo? Las posibilidades son bastante buenas, nunca cumpliste las resoluciones. ¿Por qué ocurre esto? Lo más probable es que nunca hayas estructurado tus resoluciones de manera que tus pensamientos se alineen con tus hábitos y acciones. El *Journal of Addictive Behaviors* realizó un estudio sobre el tema. ¿La conclusión? La disposición al cambio y la autoeficacia fueron los sellos distintivos de quienes lograron el éxito. La autohipnosis indica una disposición al cambio, y la autoeficacia (creer en ti mismo) se puede mejorar a través de los métodos de autohipnosis.

La autogestión y los procesos de autohipnosis también pueden jugar un factor en las otras dos variables que predicen un cambio exitoso: Disminución de la autoculpa y pensamiento más realista. Al tomarte el tiempo de tomar una decisión y actuar, tus cambios se vuelven más realistas. La autohipnosis fomenta eso. Uno de los principios de la atención plena (una estrategia de autohipnosis) es no juzgar tus pensamientos, tus sentimientos y tu conciencia. Al utilizar esta estrategia en la autohipnosis, aumentarás tu éxito al disminuir la autoculpa y no serás tan duro contigo mismo como lo fuiste en el pasado.

¿Puede Cualquiera Ser Hipnotizado?

Otra pregunta que la gente a menudo me hace es si cualquiera puede ser hipnotizado. Hay una razón por la que este libro contiene más de siete métodos diferentes de autohipnosis. La razón es muy sencilla, no todos responden de la misma manera a las mismas técnicas. Algunas personas responderán en diferentes niveles que otras, y algunos lo tendrán más fácil que otros. Pero todos pueden experimentar la autohipnosis. He incluido siete ideas para que casi todos los que las prueben descubran una solución que les vaya bien. ¡Eso significa que cuando termines este libro, habrás encontrado una estrategia que funcione para ti!

De hecho, incluso sin ni siquiera intentarlo, experimentamos la hipnosis todos los días. ¿Alguna vez has tenido hipnosis en la carretera? Ocurre cuando estamos en un viaje largo, tal vez estamos enfocados en una conversación con nuestro acompañante, o escuchando atentamente un audiolibro, o tal vez incluso soñando despiertos. Llegas a tu destino, ¡pero no recuerdas el viaje! Tal vez habías planeado desviarte de tu ruta habitual y parar en una tienda, pero no lo hiciste. Esta es una forma de hipnosis.

¿Alguna vez has llorado mirando una película? Hace años, vi una película llamada *Marley y yo*. Fue protagonizada por Jennifer Aniston y Owen Wilson como una pareja casada con un perro. Criaron al perro y luego tuvieron hijos. El perro siempre fue parte de la familia. Los perros, por supuesto, no viven para siempre, y en la película el perro muere ya mayor. No había nadie en el cine donde estaba que no estuviera llorando. Todos estaban desconsolados. Hombres, mujeres, adolescentes y niños.

Este es un ejemplo de hipnosis. Nos enfocamos selectivamente en la historia hasta un punto en el que aceptamos que es real. Te lo prometo, los productores de la película no sacrificaron un perro de verdad para hacer la película. De hecho, desde que filmaron toda la película en cuestión de meses, habían utilizado varios perros con diferentes edades (tal como lo hicieron con los niños en la película) para hacerla. Owen Wilson y Jennifer Aniston no están casados en la vida real. Sin embargo, todos los que vieron la película la experimentaron como real. Las películas, la música y otras obras de arte son poderosas porque son hipnóticas. Cuanto más hipnótico, mejores serán las críticas.

Los servicios de la iglesia (y otros servicios religiosos) son a menudo procesos hipnóticos. El trance religioso es un fenómeno estudiado por antropólogos, psicólogos, expertos en religión e incluso medicina. Son reales y poderosos. He asistido a muchos servicios religiosos donde muchas partes del servicio reflejaban los componentes tradicionales de la hipnosis clínica. Un servicio al que asistí fue en una iglesia bautista en el área de Austin, Texas. El servicio comenzó con anuncios y una lectura bíblica informándonos de qué se trataría el servicio del día. En hipnosis, lo llamamos preconversación, en cierta medida este capítulo y el capítulo anterior son tu preconversación sobre autohipnosis.

Esto fue seguido de una oración que nos llamaba a la contemplación silenciosa (inducción hipnótica) y luego cantaba tanto desde el coro como a través de himnos. La música es una herramienta poderosa para un trance más profundo. Centra nuestra atención, crea una respuesta emocional y pone a un lado los pensamientos conscientes, especialmente si la música es familiar como suele ser en una iglesia. El tempo, el volumen de la música y las letras trabajan para sincronizar nuestras mentes y corazones y prepararnos para escuchar el sermón. El sermón de esta iglesia fue un llamado a la acción, a aceptar las enseñanzas de la iglesia. Podríamos decir que fue el componente de sugerencia.

En el servicio religioso al que asistí, hubo un "llamado al altar". El pastor y la iglesia a menudo sienten que, sin una respuesta, sin que las personas se comprometan públicamente a aceptar la enseñanza o hacer un cambio, no tuvieron éxito. El resultado de esto es que un llamado al altar puede hablar monótonamente. Se ejerce presión sobre el público, y esto es lo que presencié en el servicio al que asistí. Este método sutil de agregar presión es una sugerencia hipnótica, un llamado a la acción. Algunas personas finalmente avanzaron, pero el pastor nos dijo que aún podíamos hacer un compromiso, incluso si no avanzábamos (sugerencia indirecta en la hipnosis). Esto es muy similar a lo que llamamos una sugerencia post-hipnótica. Se genera un compromiso y, en la iglesia, las personas prometen en sus propias mentes tomar medidas sobre el cambio.

Después de la llamada alternativa, el pastor rezó por todos y luego pronunció la bendición (la conclusión del servicio). A diferencia de la música triste, lenta y emocional durante el llamado al altar que provocó un sentimiento de necesidad, contribuyendo a una mayor respuesta, la bendición fue seguida por música de órgano animada, un ritmo optimista y una sonrisa del pastor. En hipnosis, llamamos a esto la reorientación y el despertar.

Las religiones han estado perfeccionando la hipnosis durante miles de años. La ley de Hazelrig dice: "Cuanto más un grupo religioso critique el uso de la hipnosis, más probabilidades hay de que sean expertos en el uso de métodos y sugerencias hipnóticas". He estudiado la religión comparativa como iniciativa académica, por eso mi título universitario es en el ministerio, no hay ninguna religión que yo conozca que no use los fenómenos de trance (hipnosis) de una forma u otra.

Los anuncios de televisión y los vendedores utilizan los mismos procesos para obtener respuesta. ¿Alguna vez has visto un anuncio de televisión y luego has comprado el producto del anuncio rápidamente? Claro que sí. En cierto modo, la repetición del anuncio finalmente provocó que tu mente consciente se alineara con tu mente subconsciente y actuara con la sugerencia de "Tómate una Coca-Cola y sonríe". ¿Compraste un diamante carísimo para tu pareja que no puedes revender ni siquiera por el 10% de lo que pagaste porque actuaste con la sugerencia de que haría que el amor durara para siempre y era lo que tu pareja esperaba? La publicidad funciona, y funciona por sugerencia hipnótica. Incluso, los políticos hablan hipnóticamente para creas en ellos.

La hipnosis en estas formas (iglesia, publicidad, películas, política, etc.) se puede utilizar de manera que contribuya a nuestras vidas de manera positiva. Pero también hemos visto los efectos negativos de estas formas de hipnosis. Quiero señalar que, aunque la religión claramente ha dominado los métodos hipnóticos, los métodos de la hipnosis no son religiosos. Te beneficiarás de estas ideas sin importar la religión que tengas, o incluso si no tienes ninguna religión.

Todos pueden ser hipnotizados. Todos hemos sido hipnotizados. Los estados de trance son fenómenos naturales, alinean nuestras acciones con nuestros deseos y suceden todo el tiempo. Ahora la pregunta es: "¿Cómo lo hacemos de manera intencional, rápida y efectiva?" Los siguientes capítulos te enseñarán.

Un par de técnicas

Antes de continuar, ¿quieres saber cómo es la hipnosis? Voy a compartir un par de técnicas que puedes probar ahora mismo mientras lees este libro. Te darán una muestra del poder que puedes experimentar con la autohipnosis.

Lee lo siguiente:

Si pdeeus leer etso, entvitnmeeede es puroqe tieens una mente erxtaña. ¿Peedus leer etso? Solo 55 de cdaa 100 peasrnos peduen harcleo. No podía ceerr que periuda eenntder lo que estbaa leyendo.

Según un ioseatidnvgr de la Ueviairdnsd de Cbgdaimre, al pdeor fnanoeeml de la mnete hnmaua no le irotmpa en qué orden están petsuas las lraets que fmaorn una plraaba. La úncia csoa itanrpmote es que la pmierra y la úlimta ltrea estén en el laugr cterocro. El retso pedue ser un dssetrae ttoal y aún así se pdeue leer sin nnigún pomblera.

Etso es así pouqre la mnete hnumaa no lee todas las ltaers por sadrpeao, snio más bein cdaa palabra cmoo un tdoo en sí msimo. ¿Asobsomro, no? ¡Sí! ¡Y yo que serpmie pnesé que la orgoratfía era imptornate. ¡Si pdeues leer etso, ¡rnvaieleo!

Este texto se ha compartido millones de veces en correos electrónicos virales y se ha publicado como un meme en Internet. Cada vez que lo veo, me divierte. Siempre funciona. Lo que esto nos muestra es muy poderoso, muestra que nuestras mentes miran hacia adelante y predicen palabras, nuestra capacidad de usar el contexto puede ayudarnos a reordenar rápidamente las palabras sobre la marcha, y que somos expertos en resolver problemas. Esta capacidad para resolver problemas utilizando la sabiduría interna que hemos reunido es lo que vamos a aprovechar en la autohipnosis.

Supón que quieres dejar de comer en exceso y perder peso, pero cada vez que te comprometes contigo mismo, terminas devorando todo lo que puedes en un buffet libre y engulles una caja entera de galletas cuando regresas a casa del supermercado. Has confundido pensamientos e ideas para alcanzar tus metas con éxito. Comerás menos, comerás solo ciertos alimentos, o comerás solo entre ciertas horas. Tus ideas incluyen cortar algunos alimentos, comer solamente en casa, añadir ensaladas o frutas, y te preguntas qué batidos puedes hacer que te ayudarán a sentirte satisfecho y evitar que pienses en la comida.

Algunas de estas ideas te ayudarán a tener éxito en tu objetivo y otras te ayudarán a perder peso. Pero al igual que las palabras confusas que leíste anteriormente, no están en ningún orden concreto. Aún no las descifrado. En la autohipnosis, estás dedicando los recursos mentales a desordenar tus ideas y ponerlas en un orden de acción que es como descifrar las palabras. ¿El resultado? Puedes actuar de una manera planificada, y planificarse es siempre la mejor manera de alcanzar una meta.

Ahora voy a ponerte a prueba con un test curioro y divertido. Lo que debes hacer es contar letras, nada complicado. Ahora cuenta cuántas letras "F" que tiene la frase que aparece a continuación. No puedes pasar el *mouse* por encima del texto y debes hacer el ejercicio rápidamente:

"Finished files are the result of years of scientific study combined with the experience of years."

La mayoría de las personas encuentran tres. Algunos logran encontrar alguna más, y solo unos pocos logran encontrar las seis. ¿Por qué es esto? A medida que exploramos el mundo que nos rodea, rara vez prestamos atención a los detalles. Usamos el contexto para ayudarnos a resolver problemas. El problema con esto es que, al faltar detalles, perdemos puntos clave que pueden ayudarnos a resolver problemas más grandes. En la autohipnosis, puedes ralentizar tus pensamientos, descubrir los detalles y aplicar el aprendizaje de nuevas maneras.

Reflexiones Finales sobre Cómo Comenzar

Querrás dedicar tu tiempo, energía y esfuerzos para aprender los siguientes métodos de autohipnosis. Para algunos, los resultados llegarán rápidamente, para otros quizás más lentamente. Pero prometo que, si te tomas el tiempo de comprender y practicar estos métodos y te enfocas en el deseo de obtener resultados positivos, verás los frutos.

Reserva tiempo para practicar. No emplees solamente dos o tres minutos mientras haces otras tareas para intentarlo en tu mente. Reserva tiempo, por la mañana o por la noche, para dedicarte a cada uno de estos procesos. Al final, descubrirás que se te ha abierto una nueva puerta al éxito en casi todas las áreas de la vida.

Nuestras vidas actuales están llenas de distracciones. Los mensajes de texto son lo mismo que alguien que nos toca el hombro por detrás. No podemos dar la vuelta y mirar. Por lo tanto, apaga tu teléfono cuando practiques.

Necesitarás el apoyo de quienes viven contigo. Diles que no te molesten mientras lo practicas. Incluso puedes colgar un letrero en tu puerta que diga "no molestar". Esto te ayudará a tener el enfoque que necesitarás para perfeccionar tus esfuerzos. Por último, cierra las ventanas de la computadora que puedan estar abiertas. Desactiva las redes sociales. Si tienes un reloj inteligente, ponlo en modo silencioso. ¿Quieres lograr el éxito? Por supuesto que sí, o no habrías leído hasta aquí. ¡Invierte tiempo y dedícate para que sea un éxito!

Capítulo Tres:
Deshipnosis

¿Y si pudieras tener cualquier cosa que quisieras? ¿Salud, riqueza, seguridad e importancia? El tercer paso para crear riquezas en el libro *Piense y Hágase Rico* de Napoleon Hill es la autosugestión (una forma de autohipnosis explicada en detalle en el próximo capítulo).

Las personas a menudo quieren aprender a usar la autohipnosis porque les puede ayudar a cambiar un hábito o porque los programas diurnos de tertulias les dicen que pueden superar inquietantes preocupaciones de salud, ansiedad o ayudar a modificar un hábito. Otros reconocen el valor de la autohipnosis para ayudarlos a alcanzar estados de máximo rendimiento en un deporte como el golf o el rendimiento académico.

Hill promete algo que parece inalcanzable para la mayoría: riqueza y abundancia.

¿Cómo puede la autosugestión hacerte rico? Según Hill, lo único que se interpone entre nosotros y la seguridad financiera son nuestras propias creencias limitantes. ¿Cómo puede la autosugestión hacerte rico? Según Hill, lo único que se interpone entre nosotros y la seguridad financiera son nuestras propias creencias limitantes. De hecho, en casi cualquier área de la vida, las creencias limitantes son el verdadero culpable. En las complicaciones de una relación, las personas se limitan a alguien "que pueda aguantarme" o "alguien que merezco". Las creencias limitantes desempeñan un papel en por qué las personas perpetúan su propia miseria interna diciéndose cosas como, "mejor imposible" o, "esto es lo que merezco". Las creencias limitantes afectan tu capacidad de rendimiento en casi todos los sentidos.

Antes de 1954, se suponía que correr una milla en cuatro minutos era una hazaña inalcanzable para cualquier hombre. Correr una milla en cuatro minutos significaba correr veintidós pies por segundo (quince millas por hora). Aunque los atletas olímpicos se habían acercado a una milla en cuatro minutos en años anteriores, nadie había podido lograrlo, así que se asumió como algo imposible y más allá de los límites del cuerpo humano. Luego, el día 6 de mayo de 1954 en la pista de la Universidad de Oxford, Roger Bannister corrió una milla en 3:59.4.

Ciertamente es sorprendente que Bannister corriera una milla en menos de cuatro minutos, pero lo más sorprendente es que desde entonces, más de 1400 atletas han hecho lo mismo. De hecho, solamente dos meses después de Bannister, John Landy también completó la milla en menos de cuatro minutos. ¿Qué fue diferente antes del 6 de mayo de 1954 y después de esa misma fecha? Convicción. La hazaña se repitió tantas veces que ya no se consideraba increíble. Antes de que Bannister lo hiciera, nadie creía que fuera posible. Una vez que se refutó la creencia limitante, miles de atletas creyeron que sí era posible. Lo que creemos que podemos hacer, lo podemos hacer.

¿Qué creencias limitantes tienes sobre el dinero? ¿Se dicen cosas como "otro día, solo un dólar más" o "las personas de mi profesión no se hacen ricos"? ¿Crees que la prosperidad financiera es para alguien más que no eres tú? ¿Tienes más de 50 años y piensas que es demasiado tarde para ahorrar mucho para la jubilación? Todo el libro de Hill está dedicado a cambiar la creencia de que las riquezas no son para el hombre de la calle. La idea central de su libro es que la autosugestión, según lo enseñado por Emil Coue, puede alterar nuestras creencias limitantes sobre el dinero y abrir una nueva mentalidad que crea riqueza.

Hill escribió: "La naturaleza ha creado al hombre de tal manera que tiene CONTROL ABSOLUTO sobre el material que llega a su mente subconsciente, a través de sus cinco sentidos; sin embargo, esto no debe interpretarse como una declaración de que el hombre siempre EJERCITA este control. En la gran mayoría de los casos, NO lo ejercita, lo que explica por qué tantas personas viven en la pobreza".

Lo que Hill quiere decir aquí es que la mayoría de las personas eligen pasar por la vida adhiriéndose a los límites que se establecen. En el cuarto capítulo de su libro, que se titula simplemente *Autosugestión (al igual que el capítulo cuatro de este libro)*, Hill escribe, "Al visualizar el dinero que piensas aculumar, (con los ojos cerrados) *mírate prestando el servicio o entregando la mercancía que tienes intención de dar a cambio de este dinero. ¡Esto es importante! [El énfasis es suyo]*".

¿Por qué nos dice Hill que visualicemos? Es una estrategia para superar las creencias limitantes. Si me veo corriendo una milla en cuatro minutos, puedo creer que puedo correr una milla en cuatro minutos. Si puedo verme teniendo éxito en una empresa creativa, tendré éxito en una empresa creativa. Si me veo disciplinado con el dinero, afortunado con el dinero o sabio con el dinero, eso es lo que seré. Así se crean las riquezas.

James Allen, uno de los primeros escritores que influyó en Napoleon Hill, escribió: "Hoy estás donde tus pensamientos te han llevado; mañana estarás donde tus pensamientos te lleven".

Lo que la mente atiende (los pensamientos a los que prestamos atención), la mente lo considera. Lo que la mente considera, eventualmente sucede.

Este axioma es cierto con cualquier cosa. Tenías la idea de que querías sentarte y leer este libro y creías que la silla de tu habitación te sostendría, así que te sentaste en ella. No miraste debajo para ver si tenía tornillos. No te subiste a una báscula para pesarte primero y luego buscar en Google la clasificación de peso de la silla. Acabas de actuar sobre eso. Actuaste porque lo creías.

El problema es que la mayoría de nosotros cree cosas que no son ciertas. Las redes sociales han demostrado que la gran cantidad de amigos que antes pensábamos que eran muy inteligentes, en realidad tienen algunas creencias extravagantes. Algunas de estas creencias son extrañas. Tengo más de 3000 amigos en Facebook. Hay personas que conozco por negocios, y personas con las que fui a la escuela. Hay familiares, lectores de mis libros y amigos de mis hijos mayores. Lo que muchos parecen tener en común es un deseo insaciable de publicar para que el mundo vea las cosas extrañas que realmente creen.

Creen que, obviamente, la conspiración política y la teoría política son falsas, rechazan la ciencia, publican apasionadamente advertencias que no son más que una carta en cadena. Lo que he aprendido de esto es que incluso los más inteligentes entre nosotros creen cosas que no son ciertas. Para aprovechar al máximo la autosugestión, o cualquier otra forma de autohipnosis, debemos contrarrestar nuestras creencias limitantes, que en realidad son creencias falsas, porque la mayoría de los problemas que tenemos hoy en realidad son el resultado de tomar medidas sobre esas creencias.

Si crees que el mundo es plano, evitarás tomar un bote demasiado lejos, para que no te caigas del borde. Si crees que las vacunas son peores que las enfermedades que previenen, cosecharás enfermedades. Si crees que todos somos prisioneros de la vida y estamos controlados por el gobierno, actuarás sin importancia ni autonomía. Si crees que no puedes dejar de fumar, fumarás. Si crees que te duele, sentirás dolor. Si tu mente cree que tendrás dificultades financieras, tendrás dificultades financieras. Es realmente así de simple. Actuamos en lo que creemos.

La clave para cambiar tu situación en la vida ya sea salud, riqueza o hábitos, es deshipnotizarse tanto como hipnotizarse a sí mismo.

Deshipnotízate

En cierto modo, debemos deshipnotizarnos tanto como debemos hipnotizarnos a nosotros mismos. Debemos renunciar a viejas ideas y adaptarnos a otras nuevas para tener algún avance. ¿El problema? Ninguno de nosotros puede identificar sin esfuerzo nuestros errores cognitivos, nuestras creencias. Es mucho más fácil ver los problemas en otros que verlos en nosotros mismos. Cuando leo las publicaciones en mi muro de Facebook, puedo decir fácilmente qué son noticias falsas y cuáles no, y puedo ver las creencias erróneas que tienen mis amigos sobre sus propios problemas personales.

Nuestro enigma es que creemos que nuestras creencias son ciertas. No notamos nuestro propio pensamiento apestoso. No podemos ver un error cognitivo como un error cognitivo. Afortunadamente, la autohipnosis puede usarse para ayudarnos a identificarlos. Volveré a esa estrategia en breve.

En mi trabajo como terapeuta he descubierto lo que llamo "La Tríada Deprimente". Muchos de mis clientes con problemas importantes parecen compartir todas estas cosas en común. La tríada deprimente es una progresión de incredulidad, que comienza por devaluar una situación. La devaluación es el proceso de crear creencias erróneas. A veces, estas creencias se deben a que solamente podemos ver un lado de la imagen o una parte de un problema. A veces devaluamos las situaciones adversas porque tomamos los sentimientos y creencias de nuestros traumas anteriores y los superponemos a situaciones nuevas, pensando erróneamente que la habilidad de afrontamiento que funcionó en ese momento siempre será la herramienta adecuada para futuras dificultades. A veces, otros literalmente nos hipnotizan para creer errores cognitivos. Un padre abusivo, un maestro manipulador o incluso la sociedad en general pueden darnos estos mensajes. Una táctica de ventas popular es vender con miedo.

El ejemplo más fácil de esto son los descuentos de temporada. Si no te lo llevas ahora, te lo perderás, ¡después de todo estos precios nunca volverán! Se está vendiendo con miedo a perdérselo. Otros anuncios también se venden con miedo. Nos hacen pensar que sin el producto que venden, nuestra vida será incompleta. Que, sin un diamante, realmente no estamos mostrando un amor duradero. Luego, por supuesto, hay anuncios de productos de belleza que juegan con nuestra inseguridad, después de todo, ¿no quieres lucir tan bien como te sientes?

Otros anuncios juegan sobre el miedo a las relaciones, si compras su producto otras personas se sentirán atraídas por ti. Y, por supuesto, si no compras el producto financiero, morirás arruinado. Cuando la miseria nos asusta lo suficiente, o no encajamos, o nos vemos *sexys*, o fallamos, nos creemos estas ideas equivocadas.

La Tríada Deprimente se ve así:

Devalue situation: Situación de devaluación
Devalue self: Devaluarse a sí mismo
Devalue the future: Devaluar el futuro

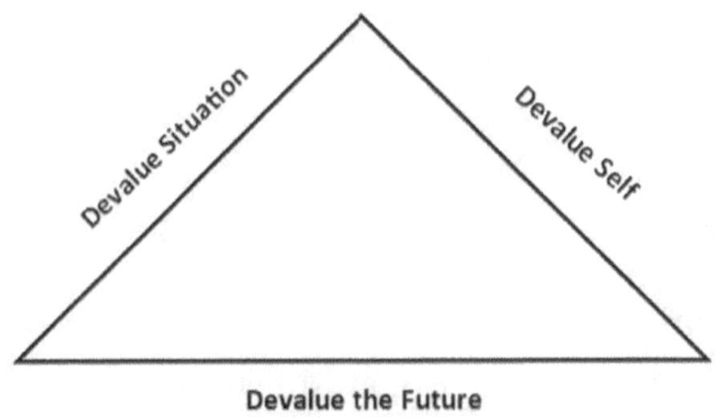

El primer lado muestra la situación devaluada. El segundo lado muestra la progresión a devaluarse. El tercer lado muestra cuándo hemos devaluado tanto una situación inmediata como nuestra propia. Este tercer lado está devaluando el futuro. Esto es lo que hace que el fracaso sea el status quo. Esto es lo que crea depresión y desesperanza. Esto es lo que provoca una sensación de estar atascado y sin significado en la vida.

Déjame ponerte un ejemplo, yo bebo mucho té. Comienzo cada mañana con un poco de té verde o blanco. Si mañana me despierto y me doy cuenta de que olvidé comprar más té, devaluaría la situación diciéndome a mí mismo: "¡Oh, no! ¡Se me acabó el té! Esto es horrible. ¡No puedo comenzar mi día sin té!" Por supuesto, en el gran esquema de la vida, no es horrible. Puede ser irritante, pero no es horrible. También me he dicho otra mentira. La mentira de que no puedo comenzar mi día sin té. Puede que no quiera, pero está sucediendo, y estoy seguro de que aún llegaré a mi oficina incluso si no tomo té.

Mientras me siento en el mostrador de la cocina, comiendo mis huevos matutinos sin nada más que un vaso de agua, la trampa mental comienza a entrar en acción y empiezo a devaluarme. Me digo cosas como: "Nunca te organizas Richard, siempre fallas en planificar con anticipación" y "No puedes hacer nada bien". Por supuesto, ninguna de estas cosas es cierta. Este ejemplo puede parecer ridículo, tal tormento psicológico por simplemente quedarse sin té, pero este ejemplo exacto ocurre más a menudo que no por cuestiones insignificantes todos los días en la vida de muchas personas.

Cuando termino mi desayuno y me subo al coche para dirigirme a la oficina, mi mente ya pasó de pensar "Soy la persona más desorganizada del planeta" a "No puedo hacer nada bien". Si eso es cierto en mi mente, entonces devaluaré el futuro y me diré a mí mismo: "Siempre seré un fracaso" y "Nunca descubriré esto de ser adulto". ¿El resultado? Fracasaré y actuaré indefenso.

Ahora multiplica La Tríada Deprimente de una escala pequeña a una escala mayor. ¿Cuántas veces en un año cometes un error o sientes dificultades? Quedarse sin té es muy poco en el gran esquema de la vida, pero en un año, es probable que se agregue algo grande al diálogo interno.

Este diálogo interno se convierte en un patrón, exacerbado por nuestros propios errores, las palabras poco amables de los demás, las expectativas poco realistas de la sociedad y, a veces, incluso a nivel cuántico. Lo que le sucede a la mayoría de las personas es que viven una vida mediocre porque usan un problema predominante para autohipnotizarse con negatividad.

Lo que me sorprende es que creemos que es difícil aprender autohipnosis para hacer cambios positivos, pero incluso antes de tomar una clase o comprar un libro sobre autohipnosis, la mayoría de nosotros ya éramos expertos en autohipnosis negativa.

¿Qué pasa si pierdes un bono de ventas en el trabajo? Si te dices a ti mismo: "Nunca alcanzo mis objetivos". Si pierdes dos bonos, dices: "No soy bueno en ventas". Si pierdes tres bonos es el siguiente paso: "Mi vida es un fracaso". Si esta es tu progresión, de hecho, nunca alcanzarás tus objetivos, perderás la próxima venta y fracasarás en lo que haces. En otras palabras, ya sabes que la autohipnosis puede ser poderosa, la has experimentado una y otra vez, de la manera inversa que esperas por ahora.

¿Qué pasa si estás tratando de controlar los miedos, digamos, el miedo a volar? Si te dices a ti mismo: "Tengo miedo de volar el próximo mes para irme de vacaciones", y luego te dices a ti mismo: "Tengo miedo de todo y me lo voy a perder", y luego te dices a ti mismo: "He desperdiciado mi vida", los resultados que obtengas serán los resultados esperados. No te irás de vacaciones. Te lo perderás y te sentirás deprimido. ¿Lo irónico?

Probablemente tampoco te sientas seguro, ya que siempre hay algo que temer.

Poniendo esto en un contexto de creación de riqueza, Hill nos advierte de las creencias erróneas:

"La mayoría de nosotros pasamos por la vida como fracasados, porque estamos esperando el "momento adecuado" para comenzar a hacer algo que valga la pena. No esperes. Nunca será el momento ideal".

El proceso de tres pasos para la deshipnosis

La única forma de cambiar las creencias limitantes, los errores cognitivos y el pensamiento apestoso es a través de un proceso de tres etapas. Las tres etapas son:

- Reconocer errores

- Deshacerse de viejas ideas

- Reemplazarlas con la verdad

Para reconocer los errores cognitivos, puedes pedir ayuda a otras personas (familiares, amigos, cónyuge, etc.). Ábrete a los demás, solicita comentarios honestos. Así como puedes ver los bloqueos mentales que otros tienen, los tuyos probablemente sean evidentes para las personas que te conocen y aman. Escucha sin comentar. Considera las ideas que han compartido. Abre tu mente para ver tus pensamientos desde una nueva perspectiva.

También puedes identificar errores cognitivos al leer historias de éxito. Puedes ver dónde has perdido pasos y oportunidades, y puedes verte en la vida de los demás. Este es el valor de los grupos sociales, negocios o grupos de redes, y grupos de apoyo. Es posible que no encuentres respuestas allí, pero si reflexionas sobre lo que otros están haciendo, puedes ver dónde estás siguiendo el mismo camino limitante. Realizo muchas consultorías de negocios y consultoría de creación de riqueza. Siempre me beneficia a mi tanto como a mis clientes.

La forma más fácil de descubrir tus creencias es utilizar la autohipnosis. Usa cualquiera de las estrategias mencionadas en este libro para acceder a un estado de recursos de hipnosis. La Técnica del Interruptor cerca del final de este libro y la técnica de transmisión de imágenes son ejemplos perfectos. Mientras esté en un estado de recursos, pídele a tu mente subconsciente que revele tus bloqueos. Te sorprenderás de cómo la reflexión mediante la autohipnosis puede revelar lo que debería haber sido obvio para ti.

En la autohipnosis también puedes usar un proceso como el Modelo de reflexión de John. Esto se basa en hacerte cinco preguntas mientras estás en un estado de recursos de mente abierta.

- Accede a un recurso de estado de reflexión y pregunta, ¿estoy listo para una reflexión honesta?

- Pregúntate cuáles son los factores que influyen en cualquier situación.

- Cuestiónate, ¿cómo podría haber lidiado con esto de una forma distinta?

- Pregúntate, ¿qué puedo aprender de esta situación?

- Pregúntate, ¿cómo puedo describirlo de manera diferente?

La segunda fase de deshipnotizarnos de las creencias limitantes es eliminar las viejas ideas.

Solamente hay una forma de hacer esto. Para eliminar ideas antiguas, debemos implantar nuevas ideas. En el libro *Alcohólicos Anónimos*, la referencia a la violencia solo se usa una vez. Con respecto al consumo de alcohol, dice: "Nuestras viejas ideas (sobre el consumo de alcohol) deben ser aplastadas".

Para implementar nuevas ideas, debes desarrollar un plan, una meta o una intención. La configuración de la intención puede ser bastante poderosa. A diferencia de los objetivos, las intenciones no son sobre el futuro, sino sobre el presente. Puedes crear nuevas ideas hipnóticas y usarlas como una afirmación en una ficha, o como un mantra hablado. Prueba esto:

- Tengo la intención de ser rico.

- Tengo la intención de estar sano.

- Tengo la intención de ser sabio.

Sal de tu sesión de autohipnosis y pasa al día, actuando de acuerdo con estas intenciones y descubrirás que las viejas creencias dejan de existir. Una de mis citas favoritas es: "Piensa fuera de la caja, y la caja dejará de existir". La autohipnosis es una herramienta para hacer esto. Es lo que Napoleón Hill quiso decir cuando escribió: "Las riquezas no responden a los deseos. Responden únicamente a planes definidos, respaldados por deseos definidos, a través de la persistencia constante".

Si quieres las riquezas prometidas por Napoleón Hill, deshipnotízate.

Utiliza este espacio a continuación para identificar algunas de tus creencias erróneas. Luego, escribe una réplica para cada una que puedas usar en autohipnosis. Estas se convertirán en tus afirmaciones. Deja ir las viejas ideas y reemplázalas con la verdad. Entonces te habrás deshipnotizado.

1.) La Mentira:

____

____

La Verdad:

____

____

2.) La Mentira:

____

____

La Verdad:

____

____

La Mentira:

____

____

La Verdad:

____

____

La Mentira:

____

____

La Verdad:

____

____

3.) La Mentira:

____

____

51

La Verdad:

____

____

Las Cuatro Estrategias Básicas

Capítulo Cuatro:
Autosugestión (Técnica uno)

La primera técnica que voy a compartir contigo es una técnica profundamente efectiva pero simple llamada autosugestión. "Auto" proviene del griego y cuando se usa como prefijo simplemente significa auto-sugerencia. La razón por la que elegí la autosugestión como nuestra primera técnica es que es fácil de hacer y tiene un largo historial de ayudar a las personas a sentirse mejor, hacer más, hacer cambios y activar poderosas alineaciones entre nuestros deseos y las acciones que realmente tomamos.

Otra razón por la que he elegido la autosugestión es porque realmente no hay expectativas que debas tener sobre cómo te sientes o qué estás experimentando. Una cosa que a menudo detiene a las personas en la autohipnosis es que no se "sintieron hipnotizadas". Al usar la autosugestión, realmente no hay sensación que "se supone" que debas sentir. Es lo que es. Puedes sentir alguna sensación o experiencia mental o física o no. Es posible que sientas que estás sentado allí y hablando contigo mismo. Eso está bien. La autosugestión es en realidad una habilidad que aprenderás y es una forma de afirmación positiva. Cuando domines la práctica de la autosugestión, podemos desarrollarla y utilizarla junto con otros métodos de autohipnosis y hacerlos aún más poderosos.

El defensor más famoso de la autosugestión fue Émile Coué, un farmacéutico francés que vivió entre 1857 y 1926. Él enseñó un mantra simple: "Todos los días, en todos los sentidos, estoy mejorando cada vez más", para que los pacientes lo usaran. Creía en el poder de la mente para superar casi cualquier cosa y dijo: "Nunca he curado a nadie en mi vida. Todo lo que hago es mostrar a las personas cómo pueden curarse".

Coué señaló que cuando dispensó medicamentos, más pacientes mejoraron cuando elogió los efectos del medicamento que cuando no lo hizo. Él creía que, de alguna manera, en algún nivel, la sugerencia positiva se internalizó y permitió que la creencia de la mente y la capacidad del cuerpo para curarse se alinearan. La simple idea era que los pacientes podían tener "pensamientos de enfermedad" o "pensamientos de cura". Creía que esta autosugestión ponía en marcha los efectos mentales y físicos que ayudaban a sus pacientes a sanar. El método que enseñaba se basaba en el principio de que cualquier idea que ocupara exclusivamente la mente se convertía en realidad (siempre que fuera posible). Según Coué, el principal desafío para el éxito fue la fuerza de voluntad. Se trata del juicio de una idea, la duda e incluso el pensamiento negativo. Un ejemplo de cómo esto se convierte en un problema es que, si alguien está jugando al golf, podrían tener la idea: "En todos y cada uno de los aspectos, lo hago perfectamente". Si esta es la idea que se tiene en mente, se realizará el *putt* perfecto. Pero si la voluntad entra en juego y el diálogo interno dice: "Te perdiste este *putt* la última vez, no estoy seguro si puedes hacerlo", entonces uno no hará el *putt*.

El autoconflicto según Coué era algo que se interponía en el camino del éxito. Imagina que tienes una tarea importante en la mañana y te dices a ti mismo por la noche: "Espero tener una buena noche de sueño". Después de todo, puede parecer razonable decirte, después de todo, la esperanza es algo bueno. Pero en esta declaración comienza el mar de dudas. La idea, "Voy a dormir bien", no ha sido totalmente aceptada por la mente. Mientras volteas la almohada, tratando de encontrar un lugar cómodo y el lado más fresco, te dices a ti mismo: "¡No puedo dormir!" ¿Adivina qué? No dormirás bien. Esa es la idea que tu mente ha acogido. Por otro lado, si te dices a ti mismo: "En todos los sentidos y todas las noches, duermo cada vez mejor". ¿Adivina qué? Dormirás como un bebé.

Lo que hace la autosugestión es doble. No solo nos "hipnotiza" al cerrar la voluntad y crear un pensamiento exclusivo positivo en la mente, sino que también nos "hipnotiza" del diálogo interno que nos contamos e incluso las palabras de otros que hemos aceptado. Las palabras de otros pueden tener poderosas consecuencias negativas. Las palabras desagradables de un padre, maestro, cónyuge o nuestro jefe pueden tener consecuencias para toda la vida. La autosugestión nos da una manera de reemplazar estas creencias negativas con nuevas creencias, y la simple afirmación de Coué es nuestro punto de partida: "Día a día, en todos los sentidos, estoy mejorando cada vez más".

Me gusta la afirmación de Coué porque es realista. No promete que todos nuestros problemas desaparecerán, pero implica la idea de mejorar. Coué era realista, reconociendo que mejorar era lo suficientemente bueno. Al mejorar, aumentamos la creencia, al aumentar la creencia aumentamos el éxito hasta que hemos alcanzado nuestra meta.

Cómo practicar la autosugestión de Coué

Comienza reservando unos momentos mientras lees este libro para seguir este proceso. Por supuesto, asegúrate de haber apagado cualquier distracción, como el teléfono móvil o las ventanas de tu computadora, que puedan enviarte mensajes.

Ahora que has reservado este tiempo, simplemente lee esta oración:

"¡Todos los días, en todos los sentidos, soy cada vez mejor!"

Lee la frase nuevamente:

"¡Todos los días, en todos los sentidos, soy cada vez mejor!"

Creo que probablemente ya lo tienes memorizado. Cierra los ojos por unos momentos, no tienes que hacer esto por mucho tiempo, 30 segundos es suficiente. Di la oración lentamente y en voz alta (la palabra hablada tiene poder) unas 4 o 5 veces, dirigiéndote las palabras a ti mismo y abriendo los ojos cuando hayas terminado.

Cierra los ojos ahora. Repite las palabras.

Por supuesto, ya has vuelto a abrir los ojos y leído nuevamente las palabras de esta página. ¿Notas algo a algún nivel? ¿Notas un sentimiento de empoderamiento? ¿Un sentimiento de anticipación? ¿Un sentimiento de energía positiva? Tal vez el sentimiento es muy fuerte, tal vez es solamente una ligera conciencia. De cualquier manera, está bien, lo importante aquí es que hayas comenzado el proceso de reprogramación de tu mente para alinearse con tus necesidades.

¿Experimentas una sensación de bienestar físico o una sensación de calma? Emocionalmente, ¿cómo estás? ¿Te sientes cómodo y maravilloso? ¿O, como lo estás haciendo por primera vez, parece inquietante y difícil de creer? Una vez más, lo que estás buscando es cualquier cambio, no tiene que ser dramático. Después de todo, solo has hecho esto una vez.

Lo que quiero que hagas ahora es muy importante. Quiero que encuentres un marcador fácil de borrar.

Quiero que vayas al espejo del baño y escribas esto en el cristal: "¡Todos los días, en todos los sentidos, cada vez estoy mejor!" ¿La razón? Es el primer lugar donde miras por la mañana, y generalmente el último lugar que ves por la noche. Cada vez que mires al espejo, repite la frase una vez leyéndola, luego cierra los ojos por unos segundos y repítela varias veces (en voz alta). Luego lávate los dientes, lávate la cara o haz lo que sea que viniste a hacer frente al espejo.

A través de este simple ejercicio, has comenzado el hábito de la autosugestión. ¡Felicítate! En cierto modo, te has hipnotizado a ti mismo. Lo has hecho centrándote exclusivamente en una idea, sugiriéndote a ti mismo (que estás mejorando cada vez más) y has reservado un momento cada día para este propósito en particular. ¿Ves que simple es? ¡Tan simple que un niño puede hacerlo!

Fase Dos de la Autosugestión

El enfoque simple de Coué puede extenderse a tus deseos y necesidades específicas. Para hacer esto, responde una pregunta simple: ¿De qué manera, cada día, necesitas mejorar más y más? ¿En tu salud, tus finanzas, tus relaciones? ¿Qué pasa con tu actitud o tu espíritu?

Si el problema es la pérdida de peso, podrías estructurarlo de la siguiente manera: ¡En todos los sentidos, todos los días, me pongo más y más delgado!

Si el problema es la confianza en las ventas, podría ser: ¡en todos los sentidos, todos los días, vendo más y vendo más a menudo!

Si el problema es el control de la ansiedad: en todos los sentidos, todos los días, estoy tranquilo y centrado.

En la hipnosis del golf: en todos los sentidos, todos los días, mejoro el *putt* y llego más lejos.

La lista podría continuar para siempre, y puedes personalizar tu autosugestión para abordar específicamente tus necesidades únicas.

¿Qué es lo que deseas sugerir automáticamente: anótalo en este espacio (está bien escribir en tu propio libro):

____

Ahora que has escrito tu propia autosugestión, tómate unos minutos y léela en voz alta. Luego, tómate unos momentos con tu cuerpo relajado y los ojos cerrados para repetirlo varias veces (en voz alta).

El siguiente paso es escribir esto en el espejo de tu baño. Con intención, léelo cada mañana y cada tarde, tomándote unos minutos para decirlo en voz alta.

¡Felicidades, ahora estás camino al éxito hipnótico usando uno de los métodos de autohipnosis más simples, pero un método que ha resistido la prueba del tiempo!

Capítulo Cinco:
Entrenamiento Autógeno
(Técnica Dos)

En este capítulo, voy a presentar una técnica que aprendí hace 30 años mientras trabajaba como estudiante graduado en una unidad de psiquiatría de pacientes hospitalizados. Esta unidad estaba en un gran hospital médico y quirúrgico y la mayoría de los pacientes eran ancianos o tenían enfermedades y lesiones tradicionales que se exacerbaron por dificultades psiquiátricas. Fue una gran experiencia de aprendizaje para mí.

Trabajé en el segundo turno, y la unidad estaba a cargo de enfermeras mayores con el pelo teñido de azul que habían ejercido la profesión de enfermería durante varias décadas. En ese tipo de entorno, ser trasladado al piso de psiquiatría fue una recompensa por años de buen servicio, ya que implica menos trabajo pesado. Muchas de las enfermeras eran de la vieja escuela. Sabían lo que funcionaba y lo que no.

Me contrataron para educar a los pacientes y ayudar a las enfermeras de cualquier forma en la que me necesitaran. Cada noche a las nueve en punto, promovía un grupo de entrenamiento de relajación, a veces dirigiendo personalmente a los clientes a través de varios procesos de meditación, y otras veces tocando una cinta de casete. Una de las enfermeras de cabello azul llamada Mary me dio una cinta llamada *"Entrenamiento Autógeno"*, y terminó convirtiéndose en mi método favorito para enseñar autohipnosis a los pacientes. A día de hoy, ha sido una de las técnicas más útiles que he incorporado en mi propia práctica de autohipnosis, y una de las herramientas de las que mis pacientes obtienen mayores beneficios.

Mucha gente quiere "sentirse" hipnotizada, y al usar el método de entrenamiento autógeno, podrás experimentar la capacidad de tu mente para crear una experiencia de transformación física. Al igual que la autosugestión, el prefijo auto significa uno mismo y autogénico significa generar. Generarás desde tu interior cambios profundos a través de este ejercicio.

Un psiquiatra alemán llamado Johannes Shultz publicó un libro llamado *Entrenamiento Autógeno* en 1932 que detallaba su método de autohipnosis. Se centró en crear el cambio físico desde adentro. Lo que se aprende de esto es importante: que tenemos la capacidad de cambiar la forma en que nos sentimos, cambiar nuestra experiencia, y podemos hacerlo a través de la autohipnosis.

Sus métodos precedieron al desarrollo de la biorretroalimentación, y muchas de sus ideas originales se han incorporado a los modernos programas de tratamiento para el control del dolor. Su método de entrenamiento autógeno incorporó los principios meditativos de visualización con su reconocimiento de la capacidad de la mente para influir en su propio sistema nervioso autónomo.

Shultz enseñó a los pacientes que tenían control sobre cómo se sentían y que, a través de la conciencia corporal, los ejercicios tenían la capacidad de cambiar la forma en que se sentían. Piensa en esto: como paciente, ¿alguna vez te has sentido impotente o fuera de control? ¿Te sientes impotente ante los resultados de los procedimientos y las enfermedades? Shultz enseñó un concepto revolucionario: el concepto de nuestra capacidad innata de usar nuestros cuerpos para cambiar la percepción.

A principios de la década de 1990, trabajé como terapeuta familiar en un programa de tratamiento de trastornos alimentarios. Si el diagnóstico era bulimia, anorexia, ambas u otro trastorno, todos los pacientes tenían una cosa en común: sentían que en la vida tenían poco o ningún control. Los psicólogos teorizan que, en un nivel, comer es lo único sobre lo que tales pacientes tienen control y, por alguna razón, algunos pacientes se comportan de manera autodestructiva, incluso con comportamientos que pueden acelerar la muerte, para manifestar control. Ahora hay muchos otros factores que complican y crean trastornos alimenticios, pero esta explicación psicológica prevaleciente me pareció cierta en mis experiencias en esa unidad.

He conocido a muchos otros pacientes en entornos médicos y psiquiátricos que se sienten impotentes. Los pacientes con migraña a menudo fueron de médico en médico y de prueba en prueba, tomaron una variedad de medicamentos sin alivio. Se encuentran entre algunos de los pacientes con sentimientos más impotentes que he conocido. Otros pacientes con los que he trabajado se sienten impotentes a la dinámica y las responsabilidades de sus familias, el sistema judicial o el trabajo. Muchas personas enfermas trabajan simplemente para mantener los beneficios del seguro de salud. Me sentí impotente después de mi propia cirugía ortopédica reciente. Tenía que hacer que mis hijos adolescentes contestaran el teléfono, me llevaran a mi silla y dejaran entrar y salir al perro. Una de mis mayores frustraciones fue el esfuerzo de sentarme en el inodoro, pero si me ponía de pie para orinar, estirando la pierna derecha, siempre me orinaba en el calcetín izquierdo al final y dejaba un pequeño charco en el suelo para que alguien tuviera que venir a limpiarlo.

La humillación es un sentimiento que está estrechamente relacionado con la impotencia. El entrenamiento autógeno es un método de autohipnosis para construir confianza. Enseña que incluso los más impotentes tienen el máximo control sobre lo que es más importante: el cuerpo. Quizás no en el nivel que esperamos, pero en algún nivel, siempre mantenemos el control, y el entrenamiento autógeno enseña esto a través de la experiencia.

Con este método, los cambios que experimentes aquí serán cambios que tú crees desde tu interior, demostrando el poder de la mente para controlar completamente nuestras respuestas físicas a través del sistema nervioso autónomo. Tómate los siguientes dos o tres minutos y guíate a través de este sencillo proceso leyendo y enfocándote en la experiencia que tú creas. Por supuesto, existen recursos para que puedas practicar este método sin el libro, y están disponibles de forma gratuita en mi sitio web en SelfHypnosisBook.com

Sesión de Práctica: Entrenamiento Autógeno

Este es un ejercicio muy breve, basado en el protocolo más largo del entrenamiento autógeno.

Siéntate en tu silla en la postura que promueve la conciencia y la comodidad, con la columna recta y los pies en el suelo.

Comienza cerrando los ojos y enfocando tu atención en las manos.

Ahora, mientras te relajas, concéntrate en tus manos y dite: "Mis manos son cálidas y pesadas. Mis manos son cálidas y pesadas". Mientras haces esto, dilo en voz alta, enfocándote en la sensación de calor en las manos y la sensación de pesadez.

> *Permítete sentir calor y pesadez mientras repites, "Mis manos son cálidas y pesadas. Mis manos son cálidas y pesadas".*
>
> *Ahora concéntrate en tus pies a medida que tu ritmo cardíaco disminuye y tus músculos se relajan. Dite: "Mis pies son cálidos y pesados. Mis pies son cálidos y pesados".*
>
> *Permítete concentrarte en estas sensaciones de relajación mientras tus pies sienten calor y pesadez. Después de unos momentos experimentando las sensaciones de calor y pesadez, reoriéntate a la habitación y abre los ojos.*

Después de finalizar este ejercicio, pregúntate: "¿Noté algún cambio?" Para algunas personas, el cambio de percepción es muy intenso, incluso la primera vez. Para otros, el cambio es menos intenso, predominando solamente el calor o la pesadez. Eso está bien, ya que Schultz presentó un protocolo completo con el que se tardaba ocho semanas en aprender, pero al hacer este simple ejercicio, has comenzado el proceso de aprender a controlar las respuestas del sistema nervioso autónomo.

Para muchas personas, la primera vez que los guío a través de una serie completa de sugerencias autógenas es empoderando. Inmediatamente sienten un cambio y reconocen de inmediato su propia capacidad para controlar las sensaciones de calor, pesadez, calma o frescura. ¿Qué tipo de paciente se beneficia de tal práctica? Pacientes con Síndrome del Intestino Irritable, pacientes con control del dolor y pacientes en casi todos los entornos médicos.

Una pregunta más profunda es esta: si puedes controlar las sensaciones de frescor, calor y pesadez, ¿también tienes la capacidad de controlar el dolor? ¿O la comodidad? ¿O la curación? ¿Puedes crear felicidad? ¿Delgadez? ¿Puedes crear confianza o aumentar tu resolución? Esto se puede usar de muchas maneras.

Un programa inicial para el entrenamiento autógeno:

Nuevamente, siéntate en una postura meditativa. Prefiero en una silla con la columna erguida y los ojos cerrados. Al principio, es posible que debas mantener los ojos abiertos mientras lees estas instrucciones, pero pronto los guardarás en la memoria y podrás cerrar los ojos.

Este proceso de autohipnosis consiste en varias frases que repetirás tres veces en voz alta. Al decir cada frase, permítete experimentar las sensaciones descritas. Mucha gente me pregunta qué es el plexo solar. El plexo solar se refiere a lo que algunos llaman "la boca del estómago". Es un término científico que describe específicamente un centro nervioso en el cuerpo y se refiere metafísicamente al lugar central donde reside la energía. En el entrenamiento personal, esta es el área "central" donde los músculos y nervios importantes se unen para trabajar al unísono y promover el máximo funcionamiento.

"Mi brazo derecho está pesado y caliente". (Repítelo tres veces)

"Mi brazo izquierdo está pesado y caliente". (Repítelo tres veces)

"Mis brazos están pesados y calientes". (Repítelo tres veces)

"Mi cuello y hombros están pesados". (Repítelo tres veces)

"Mi latido es tranquilo y regular". (Repítelo tres veces)

"Mi pierna izquierda está pesada y caliente". (Repítelo tres veces)

"Mi pierna derecha está pesada y caliente". (Repítelo tres veces)

"Mis piernas están pesadas y calientes". (Repítelo tres veces)

"Mi plexo solar está cálido y cómodo". (Repítelo tres veces)

"Mi frente está fresca". (Repítelo tres veces)

"Estoy en paz". (Repítelo tres veces)

A medida que amplíes la duración de tus sesiones de autohipnosis y comiences a combinar métodos, centrarte en tu respiración se vuelve muy importante.

Capítulo Seis:

Relajación Muscular Progresiva Autohipnosis (Técnica Tres)

¡Relájate! ¿Cuántas veces te han dicho que te relajes? ¿Tal vez justo antes de que el oftalmólogo dirija una sacudida de aire en tu ojo? ¿Quizás justo antes de una inyección dolorosa? ¿Alguna vez has tenido una discusión y alguien te ha dicho simplemente "respira y relájate"? Ese es, por supuesto, el momento más irritante para escuchar estas palabras.

Tal vez incluso te hayas dicho a ti mismo: "Solo relájate, puedes superar esto..." La relajación es una de esas cosas que es más fácil decir que hacer. Nuestra sociedad no se presta naturalmente a la relajación. Se suponía que las computadoras facilitarían las cosas, pero ahora hay más cosas para romper. Se suponía que los iPhones y otros dispositivos móviles inteligentes facilitarían la comunicación, pero ahora todos quieren una respuesta a una llamada, correo electrónico, mensaje de texto o publicación en Facebook

¡AHORA MISMO! Al comprender el concepto de relajación, podemos comenzar a ayudarnos a mejorar nuestro bienestar mediante estas técnicas.

En 1929, un médico llamado Edmund Jacobson pudo probar la conexión entre la tensión muscular excesiva y los diferentes trastornos del cuerpo y la psique. Descubrió que la tensión y el esfuerzo siempre iban acompañados de un acortamiento de las fibras musculares, que la reducción de los tonos musculares disminuía la actividad del sistema nervioso central y que la relajación era lo contrario de los estados de excitación y era adecuada para un remedio general y profilaxis contra trastornos psicosomáticos.

Este primer estudio sobre los beneficios médicos de la relajación dio origen a los métodos de autohipnosis y meditación que hoy se reconocen como intervenciones de primera línea en el tratamiento médico. Al leer este libro, probablemente estés lleno de grandes esperanzas de encontrar soluciones a las complicaciones de la vida que te han angustiado, y probablemente tengas algo de felicidad y emoción. Pero al mismo tiempo, las complicaciones del pasado y solamente el estrés de la vida cotidiana probablemente provoquen tensión en tu cuerpo.

Si tienes un dolor agudo, puede ser fácil notar el lugar en tu cuerpo donde cargas con la tensión de la vida. Pero incluso si no tienes dolor agudo, probablemente puedas encontrar un lugar en el que estés soportando la tensión del día. ¿Tal vez la espalda? ¿Hombros? ¿Frente? Todos llevamos la tensión físicamente y, generalmente la acumulamos en el mismo lugar. Hacemos esto sin saber cuánto estrés estamos agregando a nuestros cuerpos cada día.

Jacobson reconoció dos principios. El primero es que las personas tienen una tensión acumulada que afecta la salud. El segundo es que cuando a las personas se les enseña la diferencia entre la tensión y la relajación, automáticamente comienzan a llevar la relajación en lugar de la tensión. Esencialmente, el estado no saludable pero normal es llevar la tensión de manera automática para que tengamos que tomar una decisión consciente de relajarnos. Al aprender lo que llamó "Relajación Muscular Progresiva", lo contrario se vuelve normal.

Al revertir este proceso, comenzamos a ver la tensión como el intruso y automáticamente preferimos vivir relajados. Otro descubrimiento notable que hizo es similar al concepto de "fraccionamiento" en la hipnosis. En hipnoterapia, cuando creamos un estado de trance, luego volvemos a alertar al cliente y lo devolvemos rápidamente a un estado de trance, el trance se vuelve más profundo. Es muy parecido al despertador que suena por la mañana y tocas la alarma de repetición. Cuando suena la alarma por primera vez, generalmente te sientes despierto y listo para salir de la cama, pero sabes que tienes diez minutos más. Es sorprendente cómo cuando suena esa alarma de repetición diez minutos después, a menudo sientes que estás más cansado que cuando escuchaste la alarma por primera vez. Entonces presionas el botón de repetición nuevamente. La mayoría de las veces, cuando suena la alarma por tercera vez, te arrastras de la cama porque no te queda otro remedio, y estás más cansado que cuando sonó por primera vez. A menudo las personas piensan para sí mismas: "¡Debería haberme levantado y haberme quedado despierto!" Esta es una demostración de fraccionamiento.

Del mismo modo, cuando tensas y luego relajas intencionalmente un músculo, luego tensas el músculo nuevamente y lo relajas por segunda vez, la experiencia de relajación se duplica. Repitiendo este proceso en los diversos grupos musculares es cómo entrenamos nuestros cuerpos para reconocer la relajación y desarrollar niveles profundos de relajación, incluso cuando la incomodidad o el estrés han hecho sentir que es imposible relajarse.

Ejercicio: Meditación de Relajación

En este ejercicio vamos a practicar reconocer la diferencia entre tensión y relajación, y practicar alcanzar un estado profundo de relajación muscular.

> *Siéntate cómodamente en tu silla, con los pies en el suelo y la columna vertebral en posición vertical y lejos del respaldo de la silla. Explora todo tu cuerpo en busca de tensión evidente y deja que se relaje.*

> *Puedes hacer este ejercicio con los ojos abiertos o cerrados, ya que muchos prefieren practicar con los ojos cerrados. Mientras tus manos descansan sobre tus muslos, los*

tensarás en un puño y mantendrás esa tensión. No tan fuerte como para sentir dolor, pero lo suficiente como para sentir cómo se tensan los dedos en la palma de la mano, los músculos en los dedos, el dorso de la mano y la muñeca.

Ahora mantén esa tensión, presta atención a cómo se siente la tensión y cuenta hasta tres.

Luego, libera lentamente la tensión, abre los dedos y deja que descansen sobre tus rodillas. Mientras lo haces, observa la sensación de relajación en los músculos, el hormigueo de la relajación y cómo se siente soltar esa tensión.

Ahora repite el proceso. Mantén esa tensión en los puños, notando y sintiendo la tensión, contando hasta tres y luego relajándote.

A medida que te relajas la segunda vez, observa cuán profundamente se relajan los músculos, casi el doble de relajados que la primera vez.

¡Felicidades! Has aprendido los conceptos básicos de la relajación muscular progresiva, una habilidad de autohipnosis que te servirá para reducir el estrés, aumentar la comodidad y controlar las emociones, los comportamientos y las acciones. Y has hecho lo que muchas personas parecen incapaces de hacer, ya que te has tomado un momento para relajarte. ¿No se siente maravilloso?

Relajación Muscular Progresiva Expandida

Comienza sentándote en la silla en una postura meditativa, escaneando el cuerpo en busca de áreas obvias de tensión. En general, querrás hacer esto con los ojos cerrados. Se siente muy bien practicar con los ojos cerrados, pero al principio deberás mantenerlos abiertos mientras practicas aprender los diversos grupos musculares. Hay muchos CD de relajación muscular progresiva guiados disponibles si te gusta escuchar las instrucciones a un ritmo establecido por una guía de meditación. Sin embargo, los CD no son necesarios, y puedes hacerlo con los ojos abiertos mientras lees la página a continuación, y luego, después de practicarlo varias veces y aprender los diversos grupos musculares, puedes realizar el ejercicio con los ojos cerrados.

Secuencia de Relajación:

Frente.

1. Levanta las cejas lo más que puedas, como si estuvieras sorprendido por algo, y mantén esa tensión mientras cuentas hasta tres. Luego relaja esos músculos, notando la sensación de relajación en la frente. Repite.

Ojos y mejillas.

2. Aprieta bien los ojos, no tan fuerte como para que sea incómodo, pero siente la tensión en las mejillas y los ojos. Mantén esa tensión y cuenta hasta tres, notando cómo se siente la tensión. Ahora relájate, notando cómo se siente la sensación de relajación. Repite.

Boca y mandíbula.

3. Abre la boca lo más que puedas sin experimentar dolor en la mandíbula, como si estuvieras bostezando. Mantén esa tensión y cuenta hasta tres, notando cómo se siente la tensión. Ahora relájate y observa cómo se siente la relajación. Repite. Observa cómo cada vez que se repite el ejercicio se duplica la sensación de relajación.

Cuello.

4. Ten cuidado al tensar estos músculos: no te esfuerces ni te permitas sentir dolor, solo una leve tensión en los músculos. No hagas esto si tienes antecedentes de lesiones o dolor en el cuello. Mira hacia adelante y luego echa la cabeza hacia atrás lentamente, como si estuvieras mirando hacia el techo. Mantén esta tensión por un momento y luego relájate, notando cómo se siente la relajación. Repite.

Hombros.

5. Tensa los músculos de tus hombros mientras acercas los hombros hacia las orejas. Mantén esa tensión, cuenta hasta tres y nota cómo se siente la tensión. Ahora relájate, sintiendo la experiencia de la relajación. Repite.

Omóplatos/Espalda.

6. Empuja los omóplatos hacia atrás, tratando de unirlos, de modo que tu pecho vaya hacia adelante. Mantén esta tensión y cuenta hasta tres. Relájate, respira y nota cómo se siente la relajación. Repite. Nuevamente, observa cómo al repetir el ejercicio tu conciencia de relajación se duplica.

Manos y antebrazos.

7. Haz un puño con las manos, mantén esa tensión y relájate. Repite.

Parte superior de los brazos.

8. Lleva los antebrazos hasta los hombros para "hacer bola" y mantén esa tensión en los bíceps, sintiéndola en los tríceps y en todos los músculos más pequeños de la parte superior de los brazos. Cuenta hasta tres y relájate lentamente, sintiendo la sensación de relajación. Repite.

Pecho y estómago.

9. Inhala profundamente, llenando tus pulmones y pecho con aire y conteniendo esa respiración mientras cuentas hasta tres. Ahora exhala, soltando todo el aire, sintiendo una sensación de relajación en los músculos del pecho y el diafragma. Repite.

Caderas y glúteos.

10. Mientras aprietas los músculos de los glúteos, siente la tensión en estos músculos grandes y mantén esa tensión mientras cuentas hasta tres. Ahora relájate, repitiendo este proceso.

Piernas superiores.

11. Aprieta tus muslos. Mantén la tensión, relájate y repite.

Piernas inferiores.

12. Haz esto lenta y cuidadosamente para evitar calambres. Tira de los dedos hacia ti para estirar los músculos de la pantorrilla. Mantén la tensión, relájate y repite.

Pies.

13. Tira los dedos de los pies hacia abajo. Mantén la tensión, relájate y repite.

Uno puede agregar afirmaciones después (o incluso durante) de cualquier proceso de autohipnosis. Después de completar el programa de tensión y relajación, las afirmaciones pueden ser utilizadas nuevamente. Incluso se pueden usar como una breve técnica de autohipnosis en cualquier momento del día, aparte de los métodos adicionales de autohipnosis.

Una afirmación es una declaración positiva que te dices a ti mismo varias veces al día. Muchas personas que usan afirmaciones hacen una lista de 5-10 declaraciones y las escriben en una tarjeta. Se repiten las afirmaciones regularmente.

Incorporar estos pensamientos positivos en tu día es una forma de reducir cualquier ansiedad que puedas sentir, porque los pensamientos positivos reemplazan a los negativos. Aquí hay algunos ejemplos de afirmaciones positivas. Puedes usar estas ideas o escribir las tuyas.

- Estoy tranquilo y relajado.

- Estoy libre de toda preocupación y estrés.

- Puedo disminuir mi nivel de estrés.

- Cuido bien mi mente y mi cuerpo.

- Atraigo energía positiva.

Capítulo Siete:
Conciencia Plena (Técnica Cuatro)

La idea detrás de la conciencia plena es doble. Primero, estás viviendo en el presente. La conciencia plena significa prestar atención al presente y prestar atención de una manera específica. ¿Cómo? Sin prejuicios. Tomemos el problema del dolor por un momento. En el instante en que te das cuenta de que el dolor está aumentando, le das sentido a esto de una manera crítica y te dices cosas como "No voy a poder trabajar mañana" o "Estoy muy deprimido con este dolor". En la vida, es casi como si hubiéramos sido programados para atribuir significado a las experiencias, pero alguien que realmente vive en el presente simplemente ve el presente como es, sin miedo, sin proyección y sin juicio.

Cuando salí de la cirugía del pie y me di cuenta de que el procedimiento que se realizó fue mucho más complicado que la cirugía que yo imaginé, mi inclinación natural era juzgar mi situación. Todavía confuso por la anestesia, le dije a mi madre: "¡Oh, no! ¡Solo tomé cuatro semanas libres en el trabajo!"

Pensé para mí mismo al regresar a casa, "¡Pero pensé que podría volver a caminar rápidamente, y ahora pasarán meses!" Estos pensamientos, aunque naturales y comprensibles, son juicios. Disminuyen la calidad de vida, porque incluso si es cierto, no son algo que puedas controlar en el presente.

La vida actual es mucho mejor que vivir en una proyección futura de "qué pasaría si". La idea detrás de la atención plena no es ignorar la cruda realidad o los pensamientos desagradables, sino verlos tal como son, simplemente pensamientos en este momento. Todos sabemos que nuestros pensamientos sobre el futuro a menudo no se materializan en la forma en que los anticipamos. Muchas personas pasan por la vida esperando trabajar duro o incluso sobrevivir, pero luego experimentan una ganancia inesperada y se sorprenden gratamente al descubrir que la vida está llena de recompensas que nunca se esperaron. Otras personas esperan la buena fortuna que siempre han tenido siguiéndolos durante toda la vida, solo para percatarse cómo la salud, las finanzas o las relaciones no funcionaron de la manera que planificaron.

Aprender conciencia plena es una habilidad esencial en la autohipnosis. Para aquellos que enfrentan cambios, puede disminuir la ansiedad o la preocupación, y para aquellos que enfrentan relaciones difíciles, puede dejar de lado la realización de complicaciones a largo plazo y dejar que alguien simplemente experimente el aquí y el ahora tal como es. Puede cambiar las perspectivas sobre salud y bienestar e incluso sobre traumas y adversidades.

Quizás hayas oído hablar de monjes religiosos que meditan durante horas y horas cada día. ¿Es eso lo que se necesita para ser verdaderamente consciente? Afortunadamente, la respuesta es no. Puedes comenzar ahora mismo a practicar la atención plena, y aunque hay un libro popular (y excelente) llamado *Ocho Minutos de Meditación*, puedes comenzar a cultivar la conciencia plena ahora mismo, haciendo ejercicios rutinarios, y puedes empezar a hacerlo solo en un minuto. ¡Un minuto!

Ese es el punto de partida. Cuando nuevos clientes vienen a verme y saben que van a aprender autohipnosis, uno de los mayores temores que tienen es cómo encontrar una hora al día para incorporar la hipnosis en su tan ocupado día. El éxito de la autohipnosis o la meditación no se define por la duración de la autohipnosis sino por las técnicas de cambio. Cuando enseño autohipnosis a los recién llegados, lo enseño en incrementos de un minuto, tres minutos, cinco minutos y diez minutos. Aunque tiene valor en largas sesiones, especialmente cuando uno tiene el lujo del tiempo (a menudo durante el proceso de recuperación de cirugías), la mayor parte de lo que es realmente valioso en la autohipnosis puede venir en períodos de atención mucho más cortos, practicados varias veces al día. Comencemos a cultivar la atención plena. Un consejo para hacer estos ejercicios es comprar un temporizador digital, como el que puede tener un cocinero en la cocina. En realidad, puedes encontrar una aplicación para medir la meditación o cocinar en tu teléfono inteligente.

Ejercicio: Un minuto de conciencia plena

En este momento, mientras lees este libro, tómate 60 segundos para prestar atención de una manera particular a tu respiración. La forma particular en que vas a prestar atención a tu respiración es sin prejuicios, simplemente experimentando lo que sientes a medida que lo haces.

Así que, siéntate en tu silla y concéntrate en tu respiración. Dentro y fuera. Mantén tus ojos enfocados en un lugar frente a ti, o incluso puedes cerrar los ojos, lo que te resulte más cómodo. Y tómate un momento, 60 segundos, para prestar atención a algo a lo que rara vez prestamos atención, y esa es la respiración. Siéntelo. Siente que entra por cada fosa nasal y sale por la boca.

Observa la sensación de calor o frescor en la respiración y lo que se siente al prestar atención a la respiración. Continúa haciendo esto, y si alguna distracción, pensamientos o sentimientos te impiden concentrarte en la respiración, simplemente reconoce su presencia y continúa respirando, reconociéndolos sin importancia en ese momento. ¡Lo lograste!

¡Practicaste cultivar la atención plena! Si puedes hacer este ejercicio durante un minuto, puedes comenzar a hacerlo durante tres minutos, luego cinco minutos y finalmente diez minutos. Pero quizás más importante que obtener tu diploma de diez minutos, también sabrás intuitivamente cómo mantenerte enfocado en el presente y ver los pensamientos sin prejuicios, solamente como pensamientos.

Tres Estrategias Avanzadas

Capítulo Ocho:
Hipnosis P.O.D.E.R.
(Técnica Cinco)

En este punto, te he enseñado estrategias básicas y técnicas elementales de autohipnosis. Puede parecerte simplista, o puedes haberte dado cuenta del profundo impacto que estas ideas simples pueden tener. En los ejercicios y métodos que siguen a partir de este momento, combinaremos estas cuatro estrategias básicas y las desarrollaremos con ideas y métodos adicionales.

Quería compartir las estrategias básicas de autosugestión, entrenamiento autógeno, atención plena y relajación muscular progresiva porque muchas de las ideas que siguen las incorporarán como ideas fundamentales. Te recomiendo que pases algún tiempo practicando diariamente con cada uno de los cuatro métodos anteriores. Descubrirás que, a pesar de su simplicidad, incluso si no fueras más lejos en este libro, te serán de gran ayuda.

Por supuesto, como todavía estás leyendo, has decidido continuar tu aprendizaje, y voy a compartir un método de autohipnosis que llamo el método P.O.D.E.R. Es un acrónimo. Esto es lo que significa cada letra:

P – Presente, el momento actual (Conciencia Plena).

O – Opinión, mente abierta, tolerante.

D – Declaraciones, afirmaciones escritas o sugerencias.

E – Explora.

R – Ratifica.

Es fácil integrar la conciencia plena y la autohipnosis y estar en el momento presente, una estrategia para la atención plena es una herramienta efectiva para la autoinducción en un estado de recursos hipnóticos. En mi oficina, cuando veo clientes para hipnoterapia, siempre enseño la estrategia básica de atención plena que describí en el capítulo anterior. Esta técnica única es tan poderosa por sí sola, que dediqué toda mi charla TEDx en Oklahoma City al poder de la conciencia plena (puedes verlo en SelfHypnosisBook.com).

En la autohipnosis, tomarse unos minutos para estar presente conscientemente y dejar de lado la rumia sobre el pasado y las ansiedades sobre el futuro, puede hacer que el estado esté completamente en el momento y aceptar las sugerencias hipnóticas que se dará.

"O" es por opinión, mente abierta, tolerancia. Significa mente abierta en esta técnica P.O.D.E.R. de autohipnosis. Vamos a estar en el momento presente y vamos a abrir nuestra mente accediendo a los estados creativos, intuitivos y de otros recursos que ya están dentro de nosotros y que nos pueden ayudar a resolver cualquier problema. Abrimos nuestra mente al estar dispuestos a hacer un cambio. Abrimos nuestra mente adoptando la autohipnosis como una herramienta válida para ayudarnos, una herramienta respaldada por decenas de miles de artículos de revistas revisados por pares. Otra forma en que podemos abrir nuestra mente es reconociendo que la voluntad de hacer un cambio es en realidad el comienzo del cambio.

Quizás en el pasado quisiste hacer un cambio, pero no estabas dispuesto a hacerlo. Muchos fumadores quieren dejar de fumar, pero no están dispuestos a hacerlo. En esta etapa de la sesión, estás evaluando tu disposición e incluso "girando el dial" de la disposición a un nivel superior.

"D" es por declaraciones / afirmaciones escritas o sugerencias. Creo firmemente que las afirmaciones son herramientas poderosas para la autohipnosis. A veces la gente dice, "¿cómo me doy sugerencias o comandos hipnóticos?" Saben cómo lo hace un hipnotizador de escenario, después de todo, un espectáculo de hipnosis en el escenario es como el juego para niños "Simón dice"; pero parece mucho más difícil hacer auto sugerencias en la hipnosis. En realidad, no lo es. Voy a compartir la forma en que un profesional elabora sugerencias hipnóticas en su oficina. Si sigues este método, podrás escribir tus propios comandos hipnóticos (sugerencias hipnóticas). Por ahora, ya has dominado las afirmaciones hipnóticas. Puedes usar el método de afirmación que Émile Coué nos enseñó.

En la etapa de la hipnosis, el hipnotizador hace una inducción hipnótica que enfoca la atención. Esto podría ser relajación muscular progresiva, entrenamiento autógeno, atención plena o algún otro método similar. En un espectáculo de hipnosis, el hipnotizador siempre da una orden después de la inducción. Ese comando es el siguiente: "A partir de este momento, cada vez que estreches tu mano, te toques la frente o digas la palabra 'dormir', seguirás mis sugerencias y tomarás medidas inmediatas".

Lo que el hipnotizador de escenario hace es dar una serie de comandos (sugerencias hipnóticas) para experimentar diversión, participar en parodias tontas, tener cambios de percepción (como sentir calor o frío). Estas se llaman sugerencias directas. Las personas que suben al escenario en un espectáculo están realmente hipnotizadas (están en su trance "quiero divertirme"). Y están respondiendo a las sugerencias directas porque confían en que el artista sabe cómo guiarlos para que se diviertan más.

No tienes que estar en un escenario de hipnosis para responder a una sugerencia directa. Puedes ponerte en un estado consciente con una mente abierta y darte sugerencias directas. Sé que suena simple, pero de hecho puedes decirte qué hacer. Puedes ser tu propio hipnotizador de escenario.

Puedes ser tu propio padre de alguna manera. De hecho, para muchas personas esto es enriquecedor.

Las sugerencias directas son simplemente comandos que nos damos que se refieren al cambio que queremos hacer. Digamos que la pérdida de peso es tu objetivo. ¿Cuáles son algunas sugerencias directas que podrías darte? Aquí hay unos ejemplos:

> *Cada vez que vaya a un restaurante tipo buffet, ya no lo veré como una forma de obtener el valor de mi dinero, sino como una oportunidad para elegir alimentos saludables en la porción correcta, incluso si otras personas con las que estoy deciden comer algo diferente.*

> *A partir de este momento, agregaré alimentos de alto contenido nutricional, como ensaladas o verduras, a cada almuerzo y cada cena, comeré eso primero y luego el resto de mi comida.*

> *Aumentaré mi nivel de actividad todos los días, descargando una aplicación de podómetro en mi teléfono, y tomando más pasos hoy que ayer, más pasos mañana que*

hoy, y agregando pasos adicionales cada día hasta alcanzar los 10,000 pasos por día.

Cada uno de estos es un ejemplo de una sugerencia directa. Algo en lo que te comprometerás, una acción que puedes tomar que te ayudará a alcanzar tu meta.

Veamos otro ejemplo. Digamos que tu objetivo era tener más confianza en el trabajo. Algunas sugerencias directas que te ayudarían a lograr ese objetivo podrían ser:

Saludaré a los demás primero, simplemente diciendo "Buenos días" o "Buenas tardes" al pasar al lado de otros, comenzar una conversación o conocer a un nuevo cliente. (Al comenzar la conversación, en lugar de esperar a que otra persona inicie la conversación, aumenta tu poder personal).

Prestaré atención a mi postura, mi comunicación no verbal, y abriré mi cuerpo y me mantendré erguido cuando esté con otros. (Esta es una herramienta simple de fomento de la confianza).

> *En cualquier encuentro difícil con otros, dejaré de perseguir mis pensamientos ansiosos sobre qué desastre podría suceder, y simplemente tomaré un respiro marcando este momento como uno en el que todo está realmente bien en este momento.*

Puedes darte sugerencias directas sobre cualquier cosa física, emocional o conductual. Aquí hay algunos otros ejemplos de sugerencias hipnóticas:

Dejar de Fumar: Si alguna vez te encuentras con un pensamiento autodestructivo, como "Debería fumarme un cigarrillo", lo reconocerás de inmediato y reemplazarás ese pensamiento autodestructivo con la verdad: "Estoy feliz, alegre y libre de cigarrillos".

Test Control de Ansiedad: Tan pronto como te sientes para hacer un examen, particularmente un examen cronometrado, antes de comenzar, pasa a la última página e imagina cómo será responder todas las preguntas y terminar a tiempo.

Creación de Riqueza: En todos los sentidos, comenzaré a crear nueva riqueza por gratitud por la riqueza que ya poseo, no mirando lo que me falta, sino encontrando lo que tengo.

Ansiedad y Preocupación: Es sorprendente cómo la investigación muestra que la mayor parte de lo que nos preocupa nunca se materializa. Y saber eso significa que puedes olvidarte de tus ansiedades, enfocándote en el presente.

Rendimiento Deportivo: Tan fácilmente como puedo crear relajación a través de la autohipnosis, puedo usar estas mismas habilidades para reducir el estrés antes de un gran juego, relajándome con confianza, poder y habilidad.

Estas son solamente algunas ideas para desarrollar sobre la autosugestión. Puedes preguntarte: "¿Qué medidas debo tomar para crear el éxito?" La respuesta a esta pregunta es tu sugerencia. Por supuesto, para cualquier problema, puede haber cientos de posibles sugerencias. Para comenzar, aconsejo escribir tres sugerencias. Usa este espacio para identificar cuáles son.

El cambio que quiero hacer es: ________________

Tres acciones que podría llevar a cabo para ayudarme a lograr esto son:

1.) ________________________________

____

2.) _______________

3.) _______________

En la hipnosis hay muchas otras formas de estructurar sugerencias hipnóticas, pero estas son algunas de las formas más simples de escribirlas. No hay regla de que lo complejo sea lo mejor. De hecho, estas simples sugerencias son tan efectivas como cualquier otra:

En lugar de fumar, respiraré aire limpio.

En lugar de comer hasta que no pueda más, pararé cuando esté satisfecho.

Dejaré de fijarme en mi nivel de dolor y prestaré atención a mi nivel de comodidad.

Cuando nos acercamos al momento presente y abrimos nuestras mentes para acceder al estado de recursos de la autohipnosis, puedo enfocar mi atención en las afirmaciones y sugerencias escritas que puedo decirme. Esta es la tercera fase del método P.O.D.E.R.

Después de acceder al estado de recursos de la autohipnosis y darnos sugerencias, podemos pasar unos minutos explorando la afirmación. Podemos visualizar "probándolo" o contemplar cuáles son las recompensas de alcanzar nuestro objetivo. ¿Qué significa para nosotros abrazar esa afirmación? De esto se trata la etapa de exploración. Se trata no solo de decir el mantra sino de utilizar nuestra energía creativa para explorar las posibilidades que se derivan de él y los maravillosos resultados que obtendremos. Después de tomar un tiempo para explorar, podemos pasar al último paso de la técnica de autohipnosis P.O.D.E.R.

Ratificar la sugerencia o afirmación escrita que hemos hecho es el último paso de este proceso. En esta etapa vamos a comprometernos con el resultado. Como dijo Émile Coué, vamos a bloquear nuestra mente en torno a esta idea. Vamos a hacer que la idea del éxito sea exclusiva en nuestra mente. Esto es lo que vence la voluntad y pone en marcha fuerzas poderosas para el cambio.

Cómo funciona la sesión de P.O.D.E.R.

Ahora que entendemos los elementos del proceso, déjame guiarte a través de su funcionamiento. Tómate unos minutos primero, si aún no lo has hecho, para escribir tus sugerencias anteriores y escribir tres sugerencias directas. Estas pueden venir en forma de afirmaciones de autosugestión o sugerencias directas como acabo de ilustrar. Si no escribiste esto en el libro, saca una hoja de papel (o mis favoritos, los papelitos amarillos) y escribe tres sugerencias.

Colócalos en el suelo frente a ti si estás sentado en el suelo, o si estás en una silla, puedes ponerlos en el escritorio frente a ti o en tu regazo. A menudo hago autohipnosis en mi escritorio y pego mis sugerencias en adhesivos amarillos al borde del monitor. Cualquier método que selecciones funcionará, realmente no hay una forma correcta o incorrecta de llevar a cabo la hipnosis. Es autohipnosis, así que si alguna vez te preguntas qué *deberías* estar haciendo, "lo haces" y todo estará bien.

Sigue leyendo para conocer el proceso. Luego puedes pasar por esto por tu cuenta.

Momento Presente

Presta atención a este momento. Hazlo de manera que observes tu experiencia. Presta atención a dónde estás sentado, a la habitación en la que te encuentras y a cualquier cosa que notes sobre la experiencia. Presta atención a los sonidos en la habitación, tal vez a la ventilación de aire, o a los sonidos provenientes del exterior. Los sonidos no te molestarán, de hecho, te asegurarán que, en este momento, estás haciendo exactamente lo que debes hacer para encontrar tus soluciones. Todo en este momento es exactamente tal cual es.

Puedes dejar de lado las preocupaciones sobre el mañana o los pensamientos del pasado y practicar simplemente estar aquí en este momento para descubrir nuevas experiencias.

Presta atención a tu respiración, cada respiración marca cada momento, y cada vez que te das cuenta de las emociones, los pensamientos o las sensaciones, no tienes que seguirlas. En su lugar, puedes usar tu conciencia de que estás haciendo esto como un indicador para regresar tu atención a este momento.

Mente Abierta

Está bien experimentar hipnosis con los ojos abiertos o cerrados. Está bien, mientras aprendes, abre y cierra los ojos varias veces durante esta sesión. Es posible que debas actualizar tu mente sobre el proceso o leer algunas palabras en este libro. Está bien moverse y ajustarse para estar más confortable, eso no te molestará, de hecho, te ayudará a relajarte cómodamente en este momento.

Mientras te sientas, alinea tu postura de manera que tu cuerpo esté derecho, percibes la columna alineada y observas cómo se siente estar abierto a nuevas posibilidades y experiencias con cada respiración. Se siente bastante bien, ¿no? Lo estás haciendo perfecto, solo te relajas en este momento, abres la mente y estás dispuesto a hacer un cambio. La voluntad es la clave del éxito, y al tomarte el tiempo aquí y ahora para practicar este método de autohipnosis, ya has actuado sobre la voluntad, ¡así que felicítate por haber hecho un gran comienzo!

En este momento, observa cómo se siente en todos los sentidos, mejorar y mejorar, con la mente y el corazón abiertos, dispuestos a lograr lo que es más importante.

Afirmaciones Escritas

Tómate un momento para abrir los ojos y leer cada una de tus afirmaciones, sugerencias y comandos hipnóticos. Nadie más espera que actúes sobre estas ideas, están en tu letra y vienen de adentro. Eso les da poder, el poder de convertirse en tu experiencia y el poder para actuar hoy, mañana y cualquier día en el futuro.

Lee en voz alta cada una de tus afirmaciones y sugerencias. No hay necesidad de revisarlas, comentártelas o cuestionarlas de ninguna manera, solo léelas en voz alta.

Explora

Cierra los ojos si estás haciendo esto por tu cuenta.

Explora cada una de estas sugerencias. Puedes hacer esto recordando la primera de tus sugerencias (está bien abrir los ojos y volver a leerlo si necesitas refrescar tu memoria. Simplemente abre y cierra los ojos según lo necesites, siguiendo cada una de las sugerencias anteriores).

Cuando recuerdas la primera de estas sugerencias, explora lo que significaría tener una acción continua y exitosa sobre esa sugerencia. ¿Qué cambiaría para ti? ¿Cómo mejoraría tu vida? ¿Puedes imaginarte actuando sobre esto más tarde hoy, mañana e incluso dentro de diez semanas?

Mira la segunda sugerencia. Explórala en tu mente. Una vez más, ¿cómo mejorará tu vida actuar de acuerdo con esta sugerencia? ¿Cómo te ayudará? ¿Hay algún obstáculo que puedas ver que tendrás que eliminar para tomar medidas al respecto?

Ahora mira la tercera sugerencia. Dilo en voz alta. Explora en tu propia mente las posibilidades que surgirán de la acción decisiva sobre la misma.

Ratifica

Mírate a ti mismo como sabes que serás, dentro de un día, una semana a partir de ahora, un mes a partir de ahora, habiendo actuado constantemente sobre estas sugerencias.

Ratifica estas sugerencias diciéndote a ti mismo: "En todos los sentidos, todos y cada uno de los días, me pongo mejor y mejor". Esta afirmación se convierte en tu realidad todos los días al tomar medidas consistentes sobre las sugerencias que has hecho.

Respira hondo. Observa este momento (atención plena) y reconoce que al hacer esto hoy ya has tomado la primera acción sobre estas sugerencias, y ratifica el cambio felicitándote a ti mismo.

Conclusión

Puedes tomar todo el tiempo que necesites en este recurso de hipnosis para relajarte, disfrutar y beneficiarte de este proceso. Luego puedes concluir abriendo los ojos, respirando con energía y sintiéndote fantástico.

Voy a sugerir que si usas el método P.O.D.E.R. de hipnosis lo practiques al menos una vez al día durante veintiún días consecutivos. Puedes hacerlo en unos minutos cada día, pero los beneficios durarán toda la vida. Al practicar cada día, memorizarás el proceso. También harás adaptaciones que te funcionen mejor, y eso también está bien.

Capítulo Nueve:
Transmisión de Imagen
(Técnica Seis)

La transmisión de imagen es una técnica poderosa que incrementa nuestra inteligencia, nos ayuda a resolver problemas y experimentar la vida de una forma distinta. Es diferente a las otras técnicas en este libro, en el sentido de que no se debe esperar nada más que la percepción y la autoconciencia. No hay resultado correcto o incorrecto.

Se basa en gran medida en la visualización y el flujo libre de tus pensamientos. Serás un observador de este proceso. Es una excelente manera de salir de tu propia cabeza y ver tus pensamientos desde un nuevo punto de vista. Esto realmente puede proporcionar claridad, dirección y cambio.

Cada sesión normalmente debe durar de 5 a 20 minutos. No hay problema si se alarga un poco más, nuevamente, este es tu tiempo y tu experiencia. A menudo se enseña como una técnica que requiere un compañero que escuche. Si estás leyendo este libro con un amigo o familiar que tambén está aprendiendo autohipnosis, pueden asociarse contigo para brindarte sus comentarios. Pero también puedes grabar en una grabadora de audio, cada teléfono y cada computadora tiene la capacidad de grabar voz, por lo que puedes escuchar las observaciones que hagas. De cualquier manera, es igual de efectivo.

La transmisión de imágenes es un método para concienciar el poder subconsciente y utilizar la capacidad creativa de resolución de problemas y las ideas que poseen nuestras mentes profundas. También es una herramienta para ayudarnos a mejorar nuestra conciencia de cómo vemos el mundo, y es una herramienta tremenda para ayudarnos a practicar y aumentar nuestra agudeza visual, que es esencialmente la claridad de tu vista.

La técnica de transmisión de imágenes que voy a compartir realmente es un proceso bastante simple y básico que puede ayudarnos a obtener orientación de esa parte intuitiva de la mente que está en lo profundo de nuestro ser. De hecho, ya tenemos dentro de nosotros las herramientas necesarias para encontrar nuestras soluciones y experimentar el éxito y actuar de manera verdaderamente significativa de una forma positiva. La transmisión de imágenes te brinda una forma de capturar esos recursos.

Los ejercicios de transmisión de imágenes fueron desarrollados originalmente por un hombre llamado Win Winger que ha estado asociado, entre otras organizaciones, con Mensa. Esta es una adaptación de algunos de los trabajos sobre los que ha escrito y así es como utilizo la transmisión de imágenes tanto en mi propia vida como con los clientes. Mucha gente te dirá que la transmisión de imágenes debe hacerse con un socio. Me gusta hacerlo solo. Me gusta ponerme los auriculares e ir a la computadora y usar un programa gratuito llamado *Audacity* y realmente grabarme.

El primer paso

El primer paso es hacerse una pregunta específica sobre una solución. Digamos que estoy tratando de decidir cuál de varias elecciones hacer con respecto a un cambio de carrera a largo plazo o una relación a largo plazo. Podría preguntarme sobre el cambio de carrera o sobre la relación. Puedo hacer esto con hábitos, comportamientos y emociones también.

En este ejemplo, voy a proponer tratar de perder peso. De hecho, esto es cierto. Al momento de escribir esto, en realidad he perdido 34 libras usando la autohipnosis como una herramienta para alcanzar la meta de perder 45 libras. Estoy a punto de conseguirlo. Me encanta la autohipnosis, no es solamente algo que enseño a los demás, es algo que realmente utilizo en mi propia vida.

Si acabara de someterme a una cirugía en el pie y estuviese tratando de recuperarme y ponerme en forma nuevamente y perder algunas libras, comenzaría haciéndome una pregunta simple: "¿Cuál será la forma más efectiva para controlar mi ingesta de alimentos y aumentar mi nivel de actividad?"

Ahora piensa en una pregunta que debes hacerte. Utilizarás la transmisión de imágenes, como yo, para acceder a los recursos internos y ayudarte a lograr tu objetivo.

El segundo paso

Para hacer esto, cierra los ojos y ponte en ese estado de relajación profunda que practicamos al comienzo de este libro y simplemente deja que la mente se relaje. Cierra la puerta, apaga el teléfono por unos minutos. El paso dos se trata simplemente de estar cómodo.

Permítete estar cómodo, atento y totalmente presente. Relaja los músculos de tu cuerpo, suelta cualquier tensión que tengas.

El tercer paso

Y ahora, en el tercer paso, te enfocarás en la mente interior donde reside la creatividad, la comprensión y la conciencia. Pon a un lado cualquier pensamiento de obligaciones y reconoce que tienes soluciones. Incluso puedes agradecer a tu mente subconsciente por ser una guía y usar tu creatividad para encontrar nuevas soluciones.

El cuarto paso

En el paso número cuatro, describirás las imágenes que ves dentro de esa parte creativa, intuitiva, perspicaz y consciente de la mente. Haz las descripciones en la grabadora. Simplemente describe las imágenes que ves a medida que fluyen. Puedes ser detallado en tus descripciones si las imágenes llegan lentamente, o menos detalladas si las imágenes llegan rápidamente. Es sorprendente cómo la parte de la mente donde se crea la conciencia es algo de lo que solamente nos damos cuenta cuando nos pedimos que nos enfoquemos en eso.

Describe esta imagen visual relatándotela a ti mismo o contándosela a tu amigo, observa la aparición de nuevos detalles.

El quinto paso

El paso número cinco es mirar la conciencia futura y preguntarse: "¿Por qué está esto aquí?" "¿Qué significa?"

El sexto paso

Ahora que has hecho estas preguntas sobre las imágenes, cierra los ojos nuevamente si no están cerrados, y observa si la imagen cambia cuando te haces esas preguntas de conciencia y describiendo posteriormente este cambio en la imagen y luego repitiéndolo con cada cambio en la imagen.

Lo que realmente puedes tener son cuatro, cinco, seis o incluso siete imágenes diferentes que has descrito en la grabadora o para otra persona. Con cada imagen pregúntate "¿Por qué está esta imagen aquí?" y "¿Qué significa?"

Concéntrate en una cosa y mira si cambia a la luz de estas preguntas.

El séptimo paso

Busca puntos en común en las imágenes. Las imágenes pueden parecer aleatorias, pero hay coincidencias. ¡Generalmente son una de dos cosas, los bloques que nos impiden el éxito o el cambio, o la respuesta a la pregunta original!

El octavo paso

El paso número ocho del proceso de capacitación de imagen es integrar estas respuestas y conciencia en una respuesta específica al problema para generar una idea sobre el problema que hemos experimentado e integrar esos puntos en común y esas respuestas en el problema.

El noveno paso

El noveno paso es informar y la manera de informar es resumir todas estas experiencias a otra persona o a ti mismo.

Todo este proceso de administración de técnicas de transmisión de imágenes llevará a la mayoría de las personas de diez a treinta minutos. Creo que cuanto más tiempo tardes, más completo y útil se vuelve, así que no te apures. Una persona que practica esto todos los días, o incluso solo un par de veces a la semana se dará cuenta que produce un cambio notable en su conciencia y la capacidad de resolución de problemas y en su capacidad para manejar intuitivamente situaciones que anteriormente lo desconcertaban.

Capítulo Diez:
La Técnica del Interruptor
(Técnica Siete)

Roger Moore, un reconocido hipnotizador por su trabajo en hipnoterapia bariátrica, me enseñó una técnica de autohipnosis hace muchos años que enseño a casi todos mis clientes. Además, uso esta técnica como estrategia en mi propia práctica de autohipnosis. Él llama a esta técnica el Interruptor de Luz (basado en una estrategia que él acredita a Gerald Kein). Incluí esto como la séptima estrategia porque ya tienes una buena idea de cómo puedes acceder al estado de recursos de la autohipnosis.

En esencia, es una forma de inducción hipnótica. Ya sabes lo bien que se siente la relajación y entiendes el valor del entrenamiento autógeno. En nuestro ejercicio de transmisión de imágenes aprendiste sobre la visualización. Lo que hace la técnica de interruptor de luz es darte un camino hacia la "inducción instantánea" sin necesidad de que un hipnotizador de escenario venga y te lo haga.

Mucha gente ha visto a los hipnotizadores de escenario hacer inducciones instantáneas, donde una persona se llama al escenario y en menos de unos segundos está en un estado completamente relajado de trance hipnótico profundo. Mi canal de YouTube tiene un video mío demostrando esto con John Cerbone, el creador de Speedtrance, y nuestros videos tienen millones de visitas. La gente realmente quiere saber, "¿Cómo puedo lograr trances hipnóticos rápidamente?"

Roger Moore nos dice que la razón por la que enseña esta técnica es porque es rápida, y que uno puede obtener tanto valor por dos minutos de hipnosis como treinta minutos de hipnosis cuando saben lo que están tratando de lograr.

Moore describe la idea simple y la inducción a la hipnosis en su sitio web HypnosisHealthInfo.com de la siguiente forma:

1. Colócate en una posición SEGURA y CÓMODA.

2. OTÓRGATE UN LÍMITE DE TIEMPO (un minuto).

3. Levanta y baja tu dedo índice (como accionar un interruptor). Cuando tu dedo toque lo que sea donde esté descansando (reposabrazos, regazo, etc.), cierra los ojos y déjate caer en un profundo estado de hipnosis. APAGA TU INTERRUPTOR DE LUZ.

4. Mientras estés en hipnosis NO PIENSES EN EL TIEMPO. Tu mente subconsciente hace eso por ti.

5. Emerge cuando tengas la sensación de que se te acabó el tiempo.

Los primeros dos pasos son importantes, se trata de preparar el escenario para el éxito. Siempre debes asegurarte de haber dedicado tu atención a la autohipnosis, incluida la seguridad. La hipnosis se describe como un proceso benigno por la Clínica Mayo, por lo que prácticamente no hay efectos secundarios negativos de la hipnosis, pero debes asegurarte de que nunca estés practicándola mientras conduces o escuchas los audios de hipnosis como pasajero cuando otra persona conduce. El sentido común también dicta que estás en una superficie estable, en una silla de apoyo, y que tu atención no es necesaria en ningún otro lugar (como, por ejemplo, el cuidado de niños).

Nuestra posición hipnótica también es importante. No importa si te estiras en el suelo, la cama, si te sientas en el suelo o si te sientas en una silla. Lo más importante es que estés cómodo y relajado y momentáneamente libre del estrés del día.

La razón por la que se otorga un límite de tiempo es para que se puedan establecer las expectativas. La expectativa es una base para el éxito de la autohipnosis, y al usar esta técnica, esperas acceder a nuevos estados de recursos. Esperas experimentar autohipnosis. Esperas beneficiarte en un corto período de tiempo.

Paso tres, subir y bajar el dedo, está diseñado para imitar el movimiento de un interruptor de luz. Es por esta razón que se llama la Técnica del Interruptor. El interruptor de la luz es una gran metáfora en la hipnosis, porque podemos encender o apagar cualquier estado de recurso en cualquier momento.

Debido a que has establecido un tiempo para refrescarte, recargarte y relajarte antes de la sesión, puedes tener plena confianza en que tu mente subconsciente sabrá cuándo es el momento de reorientar y abrir los ojos. Ni siquiera necesitas preocuparte por esto. Cuando abres los ojos, puedes llevar el estado de recursos al que has accedido a la vida cotidiana, durante el resto del día.

Puedes usar este proceso de la técnica de interruptor de luz para hacer casi cualquier cosa después de que se "apaguen las luces". Puedes usar afirmaciones, puedes usar sugerencias escritas como lo hicimos en el Método P.O.D.E.R., puedes practicar entrenamiento autógeno, o incluir cualquier cantidad de otras ideas de autohipnosis. Pero sin duda, esta estrategia básica es la inducción instantánea más poderosa para la autohipnosis que comparto con las personas.

Expandiendo la Técnica del Interruptor

Debido a que esta técnica es una verdadera inducción hipnótica, puedes usar esta técnica como puerta de entrada a cualquier otro proceso hipnótico. Déjame darte un ejemplo:

1. Colócate en una posición segura y cómoda, utilizando la atención plena y la relajación para mantenerte en el momento.

2. Establece tu límite de tiempo (el tiempo que sea apropiado para tu objetivo).

3. Levanta y baja tu dedo índice. Cuando tu dedo toque lo que sea en lo que esté descansando, cierra los ojos y sumérgete en un profundo estado de hipnosis. APAGA TU INTERRUPTOR DE LUZ.

    Es en este estado de recursos que puedes practicar los aspectos físicos de la hipnosis, como la relajación muscular progresiva o el entrenamiento autógeno. Puedes meditar profundamente en un mantra o autosugestión. En este momento, puedes hacer un proceso de clarificación de valores.

4. Mientras estés en hipnosis NO PIENSES EN EL TIEMPO. Tu mente subconsciente hace eso por ti.

5. Emerge cuando tengas la sensación de que tu tiempo se acabó al encender el interruptor una vez más y "encender las luces".

Roger Moore sugiere practicar la técnica durante al menos siete días en su forma básica antes de agregar sugerencias. También comparte la importancia de hacer de esto una habilidad que puedes usar en cualquier lugar, no solo en lugares tranquilos y cómodos.

> *Él escribe, "Asegúrate de practicar tu técnica de interruptor de luz en lugares ruidosos, como viajar en el autobús, sentarte en Starbucks o encender la televisión y la radio al mismo tiempo en tu casa. (Está bien cerrar los ojos en público. Nadie se dará cuenta, y si lo hacen, ¡no les importará!). Si solo puedes hacer esto en un lugar tranquilo con música suave en una silla cómoda, entonces no es una herramienta funcional. Deseas poder utilizar la autohipnosis en el trabajo o en un aeropuerto. ¡A veces, el único lugar que puedes encontrar para usar tu interruptor de luz es mientras estás sentado en el inodoro, y escucho de madres con niños pequeños que ni siquiera*

> *pueden hacerlo solas! (De HypnosisHealthInfo.com)*

Disfruta de esta estrategia, es una herramienta útil que muchos hipnoterapeutas encuentran que ayuda a los clientes a acceder a la autohipnosis. Al practicar esta técnica, además de las otras, descubrirás el verdadero poder de la autohipnosis en cualquier circunstancia.

Capítulo Once:

Practicando la Visualización

Los estudios nos demuestran que a la mayoría de las personas les va bien con la visualización. Para la mayoría de las personas, el estilo de aprendizaje visual es el estilo de aprendizaje predominante, ya que las personas aprenden al ver algo. Las imágenes visuales son un recurso clave para nosotros en la autohipnosis porque en su mayor parte es fácil de hacer y es algo que ya sabes hacer, y porque las imágenes visuales activan el proceso de curación en el cuerpo.

¿Cómo haces esto? Nuestras mentes son máquinas notables, capaces de crear lo que pensamos. De hecho, hoy no existe nada que no haya sido pensado primero por alguien. A nivel metafísico, cuando uno tiene la capacidad de visualizar la curación, el cuerpo tiene la capacidad de activar las hormonas, enzimas y productos químicos que promueven la curación.

Prueba un pequeño experimento aquí mientras lees. En un momento relaja tu cuerpo y cierra los ojos:

> *Imagina un limón fresco cuando tienes los ojos cerrados. Crea una imagen vívida en tu imaginación de mirar ese jugoso limón amarillo grande e imagina cortarlo con un cuchillo afilado. A medida que los jugos salpican al romper este jugoso limón maduro, imagínate mordiéndolo como si fuera una manzana. Con tu mente imaginas el sabor y sientes la frescura del limón. Luego, abre tus ojos.*

¿Qué te ha pasado? ¿Has arrugado la cara? ¿Notaste salivación? ¿Alejaste la cabeza de un limón imaginario? ¿Podías saborear su acidez?

He hecho este experimento con cientos de personas, y la mayoría de ellas tienen alguna respuesta física con simplemente pensar en este limón imaginario. Los pensamientos producen respuestas físicas. Tan fácil como es estimular las glándulas salivales, es fácil estimular el potencial curativo del cuerpo. Si eres una de esas pocas personas que realmente lucha con la visualización, debes saber que al practicar la visualización puedes mejorar tus habilidades en esta área. Es algo que se puede aprender.

He escuchado muchas sesiones de meditación guiada donde otras personas me dicen lo que debo visualizar. Si bien estos pueden ser efectivos para algunos, las visualizaciones más efectivas provienen de ti mismo. Y así, en el siguiente ejercicio, puedes crear las imágenes que sugiero de la forma que desees. Este ejercicio ayuda a pasar nuestro tiempo en autohipnosis de ejercicios de atención plena o concentración de un minuto a períodos de autohipnosis de tres minutos o incluso cinco minutos. Es como ir al cine, ¡pero donde quieras estar!

El autor Charles Haanel escribió: "Luego viene el proceso de visualización. Debes ver la imagen cada vez más completa, ver los detalles y, a medida que los detalles comienzan a desarrollarse, se desarrollarán las formas y los medios para manifestarla. Una cosa llevará a la otra. El pensamiento conducirá a la acción, la acción desarrollará métodos, los métodos desarrollarán amigos, y los amigos provocarán circunstancias, y, finalmente, el tercer paso, o Materialización, se habrá logrado".

Ejercicio: Visualización de Autohipnosis

En este ejercicio nos tomaremos unos minutos para practicar la visualización. Encuentra un lugar cómodo para relajarte, revisa tu cuerpo en busca de tensión y deja que esos músculos se suelten. Toma una respiración profunda o dos, notando cómo tu ritmo cardíaco se ralentiza y tu respiración se vuelve suave y rítmica. Cuando estés listo, cierra los ojos.

Y con los ojos cerrados, imagina que estás afuera bajo un cielo azul claro. No hace demasiado calor ni demasiado frío, puede ser un lugar hermoso en el que hayas estado antes o un lugar al que te gustaría ir, o simplemente un lugar de tu propia creación. Ahora tómate un momento para mirar hacia el cielo y notar una sola nube blanca e hinchada flotando perezosamente en el horizonte.

A medida que avanzas lentamente por el cielo, se hará cada vez más pequeña, eventualmente se desplazará hacia el horizonte y desaparecerá. Tómate otro momento para ser consciente de tu experiencia con la visualización y, cuando estés listo, simplemente vuelve a abrir los ojos, sintiéndote renovado y maravilloso.

Adelante, intenta el ejercicio descrito anteriormente. Es sorprendente cómo una simple pausa durante el día para soñar despierto puede afectar nuestra serenidad. Esta es la habilidad de visualización. Ahora podemos usar esta habilidad para activar el potencial de curación en lo profundo de cada uno de nosotros.

Hasta este punto, te he enseñado varias técnicas de autohipnosis. Si simplemente revisas estos ejercicios todos los días durante la próxima semana y no sigues más, tendrás algunas técnicas básicas que pueden tener un profundo impacto tanto en tu calidad de vida como en la capacidad de tu cuerpo para sanar, cuando se practican e incorporan a la vida como respuestas automáticas.

Hace unos años fui a Hawái de vacaciones. Si nunca has estado allí, todas las islas son tan hermosas como la gente dice. Me pareció que no había un solo lugar feo en ninguna de las islas que visité. Fui afortunado, llevé mi cámara de video. Grabé varias de las cascadas, playas y otros lugares que me llamaron la atención. Cuando volví a mi hotel, hice varias grabaciones guiadas de hipnosis y las puse en YouTube. Decenas de miles de personas han visto estos videos, han aumentado su capacidad de visualización y se han beneficiado de las sugerencias hechas.

En uno de esos videos, me concentré en la autohipnosis para la ansiedad, la depresión y la ira. He publicado este video para ti como un recurso gratuito en SelfHypnosisBook.com

Capítulo Doce:
¿Qué te Detiene?

He escrito muchos libros sobre el tema de la hipnosis y tengo millones de espectadores en YouTube y en otras redes sociales. Algunas de las preguntas más frecuentes que recibo son de aquellos que probaron mis métodos, pero fallaron. Quiero abordar en este capítulo, cualquier cosa que pueda impedirte el éxito.

Las tres razones principales para no descubrir resultados en la autohipnosis se deben a:

1.) Impaciencia y falta de práctica.

2.) Creencias erróneas sobre cómo se siente la hipnosis.

3.) Miedo a los procesos hipnóticos.

Recibo esta nota o comentario al menos una vez al mes: "Acabo de ver tu video, lo probé, pero no funcionó. ¿Tienes algún consejo?" A veces, en luna azul, cuando estoy gruñón, simplemente comento: "Hoy la hipnosis está rota. Vuelve otro día cuando funcione". Afortunadamente, mi lado compasivo suele estar funcionando y respondo diciéndoles que la práctica es lo que lo hace funcionar.

El objetivo de la autohipnosis no es ser hipnotizado. El objetivo de la autohipnosis es volverse hipnótico. Hay una gran diferencia entre estos dos estados. Hay poco valor en una experiencia hipnótica corta que no sea satisfacer la curiosidad o probar algo nuevo. El valor de cualquier forma de hipnosis, y la autohipnosis en particular, es que al practicarla vivimos una vida hipnótica en la que de manera intuitiva y automática damos nuestro mejor paso adelante.

10 minutos, 20 minutos, 30 minutos de autohipnosis solo tienen un valor duradero cuando el proceso nos ayuda con nuestra vida diaria. El mismo principio se aplica a cualquier forma de meditación. Déjame explicarlo de esta manera. Un hacha afilada no hace caer a un árbol, pero al afilar el hacha, cuando te encuentres en el bosque y necesites despejar un camino, habiendo afilado ese hacha primero, vas a simplificarte bastante la vida.

¡El propósito de practicar meditación todos los días es para que uno pueda hacer de la vida una meditación! El propósito de practicar la autohipnosis es hacer que la vida sea hipnótica. Esto requiere práctica. Sí, una sola sesión de hipnosis en vivo puede tener valor e incluso ser una experiencia profunda para algunos, pero el valor real es aprender cómo cambiar los estados de trance y acceder a los estados de recursos de la autohipnosis cuando no estás hipnotizado.

Las técnicas que he compartido en este libro no han sido diseñadas para proporcionar resultados instantáneos, aunque muchas de ellas arrojarán experiencias positivas en el primer intento. Lo que están diseñados para hacer es brindarte una base de experiencia para que cuando te encuentres mirando un pastel de crema de coco o una galleta de un hotel de la cadena Doubletree cuando estés tratando de perder peso, puedas mirar más allá y lograr tu objetivo sin un sentimiento de pérdida y alegría.

La segunda razón, las creencias erróneas sobre cómo se siente la hipnosis, también evita que las personas se beneficien plenamente. De vez en cuando, recibo un mensaje que dice: "Me sentí relajado cuando intenté la autohipnosis, pero quiero olvidar mi propio nombre o alucinar al ver algo que no está allí (parodias comunes en un espectáculo de hipnosis)". A veces dicen: "Quería una experiencia extracorporal, pero siempre supe dónde estaba". Lo que estas declaraciones me dicen es que existen expectativas poco realistas sobre lo que es la hipnosis, generalmente basada en tener un conocimiento limitado más allá de ver una demostración o etapa espectáculo de hipnosis.

Las aplicaciones metafísicas de la hipnosis se demuestran con frecuencia en la televisión por cable y en las películas de Hollywood. Muchas personas reportan experiencias profundas, como ser observadores de sí mismas. Los hipnotizadores teatrales hacen gala de demostraciones fantásticas de fenómenos hipnóticos como una persona que olvida su propio nombre, y luego en el programa, recordándolo solamente cuando cantan la canción "Feliz cumpleaños". Pero estas no son realmente las ideas de la autohipnosis. La autohipnosis es una habilidad práctica que aprende y aplica. Para la mayoría, las experiencias profundas y extrañas no son la norma, y por supuesto, siempre tienes control total sobre tus propias experiencias, no solo en la autohipnosis, sino también en cualquier otra forma de hipnosis. Es un mito que el hipnotizador todopoderoso hace algo para que tengamos las experiencias fantásticas. Más bien, en ese momento es lo que queremos experimentar, por lo que los creamos con la inspiración de un hipnotizador.

Lo que esto significa es que, si quieres una experiencia fantástica, solo date permiso para tenerla. Bloquea tu mente en torno a esa idea única, excluye la mente práctica y la voluntad de sus pensamientos, y simplemente olvida tu propio nombre, levanta tu mano en el aire como si tuvieras un globo atado a tu muñeca. Incluso puedes bailar como Britney Spears, o Elvis Presley, en tu propia habitación si eso es lo que quieres experimentar en autohipnosis. Por supuesto, tiene poco valor hacerlo, aparte de practicar la superación de tu propia resistencia y oposición. Pero si por alguna razón crees que así es como sabrás que estás hipnotizado, simplemente hazlo, nadie te dice que no puedes.

A veces es el miedo a la hipnosis lo que nos detiene. Para algunas personas, simplemente relajarse les da miedo de perder el control o, peor aún, de abrir la puerta a espíritus nefastos que los lleguen a controlar. Estas ideas a menudo provienen de advertencias religiosas de que la hipnosis es mala.

Pero la hipnosis es un estado natural, nadie te está haciendo nada. Estás aprendiendo y practicando una destreza, una habilidad que algunos incluso afirman que es una habilidad "dada por Dios" o un conjunto de estados de recursos. Volviendo a lo que escribí en una parte anterior de este libro, los que más se oponen a la hipnosis, a menudo son los que utilizan las técnicas más hipnóticas.

La religión de la Ciencia Cristiana, desarrollada por Mary Baker Eddy, ha criticado durante mucho tiempo la hipnosis, asociándola con la nigromancia (comunicación con los muertos). La forma en que ella confabulaba estas dos cosas está más allá de mí, pero fue el producto de sus tiempos en la década de 1800, cuando no teníamos la misma comprensión de la realidad que tenemos ahora. El texto principal de la religión tiene un capítulo entero dedicado a los males de la hipnosis. Los practicantes de la Ciencia Cristiana no creen en la aplicación de la medicina moderna, sino que usan solo la oración y el tacto como tratamiento. Evitan las transfusiones de sangre, los medicamentos, la cirugía y cualquier otro procedimiento médico confiando en la oración para toda curación y bienestar.

Pero estas oraciones son una forma de hipnosis. Sugieren que el cuerpo se recuperará y que pueden ocurrir milagros. Lo que sabemos sobre la hipnosis es que cuando bloqueamos nuestras ideas en torno a una creencia específica, nuestros cuerpos responderán a esa creencia. Por eso funcionan las oraciones. Funcionan porque es un proceso hipnótico. Por eso también aprecio el realismo de Émile Coué, quien dijo que esto solo será cierto si es posible. Un amputado puede decidir volver a hacerse crecer una extremidad todo lo que quiera, pero no crecerá de nuevo porque las personas no son lagartijas y sus extremidades no pueden volver a crecer. Pero alguien con hipertensión puede generar la idea de que su presión arterial se estabilizará, y puede. Uno está dentro del ámbito de la posibilidad, el otro no. Por supuesto, de vez en cuando, una familia de Ciencia Cristiana aparece en las noticias cuando muere un hijo y no buscan tratamiento. Esta tragedia proviene de la fe ciega en lugar de la aceptación de los límites de la realidad.

Muchos otros grupos religiosos han difundido un mensaje de miedo sobre la hipnosis. Una vez más, la mayoría de estos se centran en la creencia errónea de que alguien o algo más podrá controlar su mente durante la hipnosis. Pero esto no es lo que es la hipnosis. La hipnosis se trata de que tomes el control de ti mismo, y no hay nada que temer al aumentar tu autoeficacia, aumentar tu autoconciencia y aumentar tu capacidad para controlar tu propia mente, cuerpo y espíritu.

Capítulo Trece:
El Nuevo Tu

Este libro tiene la capacidad de cambiar profundamente tu vida. He visto los resultados de la autohipnosis en mi propia vida y, lo que es más importante, en las vidas de los muchos clientes con los que he trabajado en los últimos 30 años. La investigación está llena de ejemplos positivos de cómo la autohipnosis puede cambiar vidas.

En este momento, tienes la capacidad de seguir haciendo lo que has hecho antes para resolver problemas, o practicar los métodos contenidos en este libro y hacer algo diferente. Espero que hagas algo diferente. Si haces lo mismo, solo obtendrás los mismos resultados, pero al hacer autohipnosis estarás utilizando el método que Napoleon Hill defendió en su libro *Piense y Hágase Rico*, del que se han beneficiado estrellas de cine como Matt Damon, y líderes estratégicos empresariales como Tony Robbins que saben que puede cambiar vidas.

¿Estás listo para comenzar? Si simplemente has leído este libro y ahora tienes el conocimiento principal, pero no has practicado ninguno de los métodos o ideas, ahora puedes regresar al libro practicando deliberadamente cada uno de los métodos. Es a través de esta práctica que se logrará el dominio de la autohipnosis.

Uno de mis autores favoritos es Charles Haanel. Lo cité en un capítulo anterior sobre visualización. Fue un industrial a principios de 1900 y editor del St. Louis Post. Escribió un libro llamado *El Sistema de la Llave Maestra*, en realidad fue una serie de 24 lecciones para el éxito personal. La base de sus ideas se basaba en gran medida en la autohipnosis. En este volumen, escribió: "No puedes tener pensamientos débiles, dañinos y negativos diez horas al día y esperar producir condiciones hermosas, fuertes y armoniosas con diez minutos de pensamiento fuerte, positivo y creativo".

Esto destaca para nosotros, la importancia de dedicarse a la práctica. Vivimos en un mundo lleno de ciclos de noticias durante las 24 horas del día, que siempre parecen informar solamente cosas negativas, y un mundo donde la televisión y las redes sociales nos atacan con mensajes negativos a un ritmo continuo. La práctica de la autohipnosis es lo que la hace poderosa.

Al adoptar un enfoque positivo y proactivo para la autohipnosis, puedes abrir la oportunidad de introducir cambios para mejorar la confianza, la autoeficacia y la capacidad de recuperación. Puedes tomar un minuto, puedes tomar 20, pero al tomar la decisión de vivir el momento, reservar un tiempo para tu propio bienestar y desarrollo, realmente puedes hacer los cambios que TÚ deseas, que te llevarán a los lugares donde siempre has querido ir, mental, física y espiritualmente.

Para finalizar, quiero recordarte que he publicado muchos recursos gratuitos para que sigas tu viaje de autodescubrimiento a través de la autohipnosis en mi sitio web **SelfHypnosisBook.com**. Accede a estos recursos gratuitos.

¡Estás Invitado!

El Dr. Richard K. Nongard ofrece seminarios de autohipnosis en su ciudad natal de Las Vegas y en todo el mundo. ¡Puedes asistir a estos eventos!

Visita SelfHypnosisBook.com para conocer las fechas y ubicaciones.

Aprende del experto líder en autohipnosis #1 de Estados Unidos.

Aprende las estrategias avanzadas que pueden llevarte a la abundancia y cambiar tu vida de muchas maneras.

Llama (702) 418-3332 o visita SelfHypnosisBook.com

www.ingramcontent.com/pod-product-compliance
Lightning Source LLC
Chambersburg PA
CBHW031122250726
48655CB00004B/1802